Philia

Philia

Derrote a depressão, o medo
e outros problemas aplicando
o Philia no seu dia a dia

Padre
Marcelo
Rossi

principium

Texto fixado conforme as regras do Acordo Ortográfico da Língua Portuguesa (Decreto Legislativo nº 54, de 1995).

Todas as citações bíblicas foram retiradas da *Bíblia Sagrada Ave-Maria* da Editora Ave-Maria.
Todos os direitos reservados.

Editor responsável: Juliana de Araujo Rodrigues
Editor assistente: Lucas de Sena Lima
Diagramação: Gisele Baptista de Oliveira e Diego de Souza Lima
Preparação: Silvia Massimini Felix
Revisão: Jane Pessoa e Tomoe Moroizumi
Consultor editorial: Claudio Fragata
Design de capa: Rafael Nobre/Babilônia Cultura Editorial
Foto de capa: Eduardo Barillari

CIP-BRASIL. CATALOGAÇÃO-NA-FONTE
SINDICATO NACIONAL DOS EDITORES DE LIVROS, RJ

Rossi, Marcelo Mendonça, 1967-
R741p   Philia : derrote a depressão, o medo e outros problemas aplicando o Philia no seu dia a dia / Padre Marcelo Rossi. - 1. ed.- São Paulo : Principium, 2015.
   il.

ISBN 978-85-250-6004-4

1. Religiosidade. 2. Fé. 3. Esperança. 4. Religião. I. Título.

                               CDD: 248
15-19226   CDU: 2-584

1ª edição, 2015

Editora Globo S.A.
Av. Jaguaré, 1485 — Jaguaré
05346-902 — São Paulo — SP
www.globolivros.com.br

Dedico este livro a você que está passando por noites traiçoeiras devido à depressão.
E, na certeza de que depois de uma noite difícil sempre nasce um outro dia, desejo que as palavras de Philia sejam um renascer de vida, e que você possa brilhar para os outros.

Agradecimentos

A Deus todo poderoso e misericordioso,
a minha querida e saudosa Tia Laura
(grande líder da renovação carismática católica).

A minha mamãe Vilma,
a minha irmãzinha caçula Martinha,
à Maria e ao Chicão da cúria,
que viram toda a minha luta.

E não posso esquecer de agradecer ao
meu pai Antônio, e ao meu pai espiritual
dom Fernando Antônio Figueiredo, OFM.

Sumário

Introdução

A mados, este livro nasceu em um momento muito difícil de minha vida.

Eu estava saindo de um longo processo de depressão que havia me roubado a saúde e a alegria de viver. Durante o tempo em que passei na escuridão, fui assolado por pensamentos autodestrutivos, perdi peso e me isolei de todos. Muitas vezes me perguntei: por que isso está acontecendo comigo?

Os motivos do Senhor são sempre imprevisíveis. Como diz o apóstolo São Paulo em sua Epístola aos Romanos: "Quão impenetráveis são os Seus juízos e inexploráveis os Seus caminhos!" (Rm 11,33). Às vezes, só na escuridão é que conseguimos ver a luz. Foi o que aconteceu comigo. Hoje sei que Deus me fez passar por tamanho sofrimento para que eu pudesse ajudar as pessoas que sofrem com a depressão e outros males do espírito.

Certa manhã, enquanto fazia minha oração diária, uma palavra surgiu em meu pensamento: Philia.

Era com essa bela palavra que os antigos gregos definiam o amor dos pais por seus filhos, o amor de um irmão por outro irmão, o amor de um amigo por outro amigo, o amor entre os cidadãos.

Philia, o amor fraternal.

Meus livros anteriores também têm títulos derivados do grego. O primeiro, *Ágape*, significa o amor divino. *Kairós*, o segundo, é o tempo de Deus, diferente do tempo dos homens. Achei que *Philia* era um bom nome para se completar uma trilogia.

Estava lançada a semente deste livro.

Foi movido pelo amor Philia que comecei a escrever. Meu primeiro impulso foi me deter apenas em minha experiência pessoal e discutir os malefícios da depressão e o quanto qualquer pessoa está sujeita a eles.

Mas depois me lembrei da centena de e-mails que recebo todos os dias com pedidos de oração e conselhos. Lembrei dos inúmeros testemunhos que ouço das pessoas que me procuram no Santuário Mãe de Deus em busca de solução para seus problemas. Muitos se queixam de depressão, mas também de vários outros males.

Fiz uma seleção das angústias que mais afligem o coração de meus amados. Foi assim que cheguei aos temas dos catorze capítulos deste livro: depressão, ansiedade, tristeza, pessimismo, medo, remorso, vício, desemprego, maledicência, inveja, ciúme, ira, ingratidão e autoimagem.

Do mesmo modo que a oração me ajudou a superar a depressão, acredito que a discussão desses assuntos, tendo sempre a Palavra de Deus como pano de fundo, possa trazer conforto para milhares de pessoas. Como creio no poder curativo da oração, há uma prece no final de cada capítulo para rezarmos juntos pela sua recuperação e a de seus entes queridos.

Optei por uma linguagem descomplicada não só porque quero ser entendido por todos, mas porque Deus é simples. Sou apenas um instrumento de Seu amor.

Quando coloquei o ponto final no último capítulo de *Philia*, percebi que estava plenamente recuperado da depressão.

Foram cumpridos os desígnios de Deus.

Philia estava pronto para chegar ao coração dos leitores e curá-los de seus males.

Como último pedido, faço minhas as palavras que estão na Primeira Epístola de São Pedro:

" **22** Em obediência à verdade, tendes purificado as vossas almas para praticardes um amor fraterno sincero. Amai--vos, pois, uns aos outros, ardentemente e do fundo do coração" **(1Pd 1,22)**.

Abram os braços para Jesus e deixem que o amor Philia ilumine cada passo de sua vida.

Boa leitura.

Com a minha bênção sacerdotal,
PADRE MARCELO ROSSI

1
Depressão

22 *Não entregues tua alma à tristeza, não atormentes a ti mesmo em teus pensamentos.* **23** *A alegria do coração é a vida do homem,* e um inesgotável tesouro de santidade. *A alegria do homem torna mais longa a sua vida.* **24** *Tem compaixão de tua alma, torna-te agradável a Deus, e sê firme; concentra teu coração na santidade, e afasta a tristeza para longe de ti,* **25** *pois a tristeza matou a muitos, e não há nela utilidade alguma.* **(Eclo 30,22-25)**

Decidi abordar o tema da depressão logo no primeiro capítulo deste livro porque o assunto está sempre presente nos incontáveis testemunhos que ouço em meu dia a dia e nas centenas de e-mails que meus amados me enviam. Acredito que com o amor Philia em nossos corações, podemos ajudar os amigos, os familiares e a nós mesmos a sair desse terrível estado e a voltar a viver a vida em sua plenitude. É o próprio Jesus quem nos diz: "[...] Eis que Eu renovo todas as coisas" **(Ap 21,5)**.

Já ouvi muitas pessoas dizendo que depressão é coisa de gente desocupada, que não há nada realmente sério com que se preocupar. Gente que pode se dar ao luxo de se entregar diante da primeira dificuldade que encontra pelo caminho. Posso garantir que não é nada disso. Quem pensa dessa maneira está muito enganado. Depressão é um mal que pode atingir qualquer um, seja rico ou pobre, jovem ou idoso. Um estudo realizado pela Organização Mundial da Saúde (OMS) há alguns anos revelou que mais de 350 milhões de pessoas sofrem de depressão em todo o mundo.

Muitas vezes, ela chega de mansinho e, antes que a própria pessoa se dê conta, transforma-se num caso de alta gravidade. Por causa do preconceito que ainda existe em relação ao assunto, muitos não admitem que estão doentes e não procuram ajuda. É por isso que alguém deprimido não merece críticas: o que ele precisa é de nosso acolhimento. Nosso amor fraternal. Nosso Philia.

As causas da depressão podem ser muitas, porém a mais comum atualmente é o estresse emocional. No mundo de hoje, quem não está sujeito a esse tipo de pressão? Perda de um ente querido, separação conjugal, filhos que se envolvem com drogas, excesso de trabalho ou a falta de um emprego, eis alguns exemplos. Muitos, entretanto, não têm força suficiente para superar sozinhos esses contratempos. Precisamos ficar atentos para ajudar nossos irmãos a recuperar o gosto de viver e a capacidade de lutar por seus sonhos. Como podemos fazer isso? Prestando atenção aos primeiros sintomas da depressão.

De acordo com a OMS, a tristeza prolongada, o sentimento de culpa, a baixa autoestima, o desânimo e a falta de interesse por tudo o que está ao redor são sinais de depressão. Algumas pessoas atingidas por essa doença não conseguem sequer se levantar da cama. Perdem o apetite, sofrem de insônia ou têm o sono agitado. Muitas vezes, abusam de calmantes e soníferos para não enfrentar suas dificuldades. Nos casos mais graves, todos esses fatores somados podem levar ao ato extremo do suicídio, ou seja, a negação da vida e de tudo o que ela pode nos oferecer de bom.

É preciso tomar cuidado para não confundir a tristeza passageira, à qual todo ser humano está sujeito, com a depressão. A vida não é um mar de rosas. Todos nós atravessamos momentos difíceis, que nos afastam da felicidade por um tempo. Até Jesus Cristo, em sua passagem pela Terra, sentiu esse tipo de dor. Ao chegar a Getsêmani, no Monte das Oliveiras, disse aos apóstolos Pedro, Tiago e João: "[...] Minha alma está triste até a morte" **(Mt 26,38)**. A depressão é diferente da tristeza comum, ela leva a pessoa a um estado de tristeza profunda e duradoura, impedindo o bom desempenho de suas funções no trabalho, na escola e na família.

Muitas vezes, durante meu ofício por todo o Brasil, ouvi pessoas dizendo que um verdadeiro cristão não pode sofrer de depressão. Até na Bíblia há casos em que esse mal acomete os mais fiéis servidores do Senhor, quando, por alguma razão, fraquejam em sua crença. Lembro aqui o exemplo do profeta Elias. Depois de demonstrar a força do verdadeiro Deus e de eliminar da face da Terra os falsos profetas de Baal, ele passou por um período que considero como um processo de depressão. Os sintomas estão bem descritos no Primeiro Livro dos Reis:

"**1** Quando Acab contou a Jezabel tudo o que fizera Elias e como ele passara a fio de espada todos os profetas de Baal, **2** a rainha mandou um mensageiro a Elias para dizer-lhe: 'Que os deuses me tratem com o último rigor, se amanhã, a esta mesma hora, eu não fizer de tua vida o que fizeste da deles'. **3** Elias teve medo e partiu, a fim de salvar a sua vida. Chegando a Bersabeia, em Judá, deixou ali o seu servo, **4** e caminhou pelo deserto, durante um dia. Sentou-se debaixo de um junípero e desejou a morte: 'Basta, Senhor — disse ele —, tirai-me a vida, porque não sou melhor do que meus pais'. **5** Deitou-se por terra e adormeceu debaixo do junípero. Mas eis que um anjo tocou-o e disse: 'Levanta-te e come'. **6** Elias olhou e viu junto à sua cabeça um pão cozido debaixo da cinza e um vaso de água. Comeu, bebeu e tornou a dormir. **7** O anjo do Senhor o tocou uma segunda vez, dizendo: 'Levanta-te e come, porque tens um longo caminho a percorrer'. **8** Elias levantou-se, comeu e bebeu; e com o vigor daquela comida andou quarenta dias e quarenta noites, até Horeb, a montanha de Deus" **(1Rs 19,1-8).**

Aí estão claramente enumerados o desânimo, o sentimento de derrota, a autoestima baixa, o sono incontrolável, a falta de apetite, a descrença na vida. Em meu modo de ver, Elias passou por uma grave depressão. Chegou ao fundo do poço quando clamou a Deus para que lhe tirasse a vida. Ele se esqueceu de que o Senhor o protegia e se acovardou diante de Jezabel. O mesmo pode acontecer a qualquer um de nós, cristãos, quando esquecemos as promessas de salvação de Jesus. Essa é a situação ideal para que a depressão nos domine e nos ponha a sós com nossos problemas.

Elias, entretanto, não estava imune ao amor Philia, representado pelo anjo do Senhor. Deixou-se tocar por ele e se recuperou. Ganhou forças para enfrentar a vida e seus obstáculos. É o que devemos fazer. Usemos Philia para reforçar a fé de nosso irmão e nossa própria fé. Com ele, podemos nos curar e vencer a depressão. Claro que os casos mais graves precisam de acompanhamento médico, mas é nessa hora que seu amor Philia torna-se ainda mais indispensável. Com amor, paciência e delicadeza, você terá de convencer a pessoa deprimida da necessidade da ajuda de um psiquiatra ou psicólogo. Devemos acabar com a ideia equivocada de que esses profissionais cuidam apenas de "loucos". Eles tratam dos mais diversos transtornos mentais, e a depressão é um deles.

Meus filhos, para alegrar nossos corações e recuperar a esperança perdida, precisamos prestar atenção nas palavras de Deus. Elas estão ao nosso alcance a qualquer hora, basta abrir a Bíblia. Não há nada melhor do que a leitura diária desse precioso livro para preencher nossa mente com bons pensamentos. Claro que ir à missa é também uma forma de comungar com Jesus. Ele é o centro de nossas vidas, o que dá sentido a tudo, e o único que pode ir ao mais íntimo de nosso ser e nos curar da tristeza profunda da depressão.

Agora, como Pai Espiritual neste amor Philia, quero orar com você e para você. Não estou presente fisicamente, mas feche os olhos e creia que Jesus, nosso Senhor, está neste momento à sua frente e toca sua fronte com a bênção divina. Ele irá curar você ou seus entes queridos. Neste momento de oração, sinta a presença de Deus. Esteja certo de que Ele está sempre disposto a trazer a paz e a dar um novo sentido para sua vida.

OREMOS

Pai, em Teu nome, venho pedir que abençoes meu irmão ou irmã (diga o nome da pessoa). Eu creio, Jesus, que estás colocando Tuas mãos sobre a fronte dessa pessoa. O Senhor conhece os problemas da vida dela, que a levaram à depressão. Eu Te peço, Jesus, extirpa o mal pela raiz. Traz a cura interior. Faz com que as lembranças que machucam possam ser substituídas por bons pensamentos.

Apaga, Senhor, tudo o que ficou gravado na mente dessa pessoa e que a faz perder o ânimo de viver, de comer, de trabalhar, de lutar, de amar. Agradeço, meu Deus, pela paz que neste momento invade a alma de (diga o nome da pessoa). Creio, em nome de Jesus, que sua mente está sendo preenchida pela luz do Espírito Santo.

Obrigado, Jesus, porque Tua benção é real e muitas pessoas estão experimentando Tua cura, tanto física quanto emocional e psicológica.

Que de hoje em diante, (diga o nome da pessoa) levante-se de sua prostração e comece uma nova vida de vitórias. Pois o Senhor é meu Pastor e também será de (diga o nome da pessoa).

Obrigado, meu Deus.

Por isso eu abençoo esta pessoa em nome do Pai, do Filho e do Espírito Santo. E profetizo que este meu irmão ou esta minha irmã, a partir de agora, nova criatura será, o mal não prevalecerá em sua vida.

Amém.

2
Ansiedade

6 *Humilhai-vos, pois, debaixo da poderosa mão de Deus, para que Ele vos exalte no tempo oportuno.* **7** *Confiai-Lhe todas as vossas* preocupações, *porque Ele tem cuidado de vós.* **8** *Sede sóbrios e vigiai.* **(1Pd 5,6-8)**

Amados, podemos dizer, sem risco de exagero, que a ansiedade é um dos piores males da vida moderna. Tudo é motivo para que ela se manifeste. É o engarrafamento que nos faz chegar atrasados ao trabalho. São as filas nas quais temos de esperar para ser atendidos. É o compromisso de levar e buscar o filho na creche. É o salário que não sabemos se cobrirá as despesas do mês. É o tempo que parece correr cada vez mais veloz, e por aí vai. Se não bastasse, somos bombardeados por notícias que falam de crises financeiras, violência, novas epidemias e catástrofes ecológicas, o que nos deixa inseguros em relação ao nosso futuro e ao de nossos entes queridos. A tecnologia digital, com suas redes sociais, traz on-line um mundo acelerado para dentro de nossas casas. E se a conexão cair? Eis mais uma razão para afobamento (ou inquietação).

Certa vez, em meu programa de rádio *Momento de Fé*, propus uma semana de oração para combater a ansiedade. Decidi fazer isso depois de ouvir centenas de testemunhos de fiéis que me procuravam no Santuário Mãe de Deus sempre muito preocupados com essa situação. Diziam como o estado de afobamento constante os prejudicava e o quanto afetava também a vida das pessoas ao redor. Durante o programa, falei sobre o que os especialistas chamam de síndrome do pensamento acelerado. Parece uma coisa complicada de entender, mas não é. Quem sofre desse mal se preocupa tanto com o futuro que não consegue viver o presente. Claro que isso gera uma ansiedade incontrolável. Muitas vezes a causa do problema está em traumas do passado, que geram baixa autoestima e maus pensamentos. É contra isso que devemos lutar. A própria Bíblia nos alerta: "[...] porque o que está em vós é maior do que aquele que está no mundo" **(1Jo 4,4)**.

A verdade é que somos ansiosos por natureza. É normal sentir ansiedade diante de situações novas ou de insegurança. Quem consegue não se preocupar com o dia de amanhã quando perde o emprego? Como manter a calma esperando num corredor de hospital até que nosso familiar doente seja atendido? O mesmo acontece durante uma entrevista de trabalho ou na sala de espera da maternidade quando o filho está para nascer. Às vezes, até tentamos aparentar tranquilidade em momentos como esses, mas, por dentro, estamos quase explodindo de inquietação. Também é comum sentirmos ansiedade diante de situações de risco. Mas há pessoas que estão sempre afobadas e, por isso mesmo, não conseguem fazer nada direito. São pessoas que se preocupam com coisas que nem aconteceram ainda, ou, como se costuma dizer, "põem o carro na frente dos bois".

Ansiedade é muitas vezes confundida com dinamismo e disposição. Ao contrário, quem sofre desse mal pode até esconder um quadro depressivo ou sentimentos de frustração. Muita agitação atrapalha o desempenho profissional e familiar, provocando uma série de sintomas desagradáveis, que vão de reações físicas (aperto no peito, dor de barriga, falta de ar, aceleração dos batimentos cardíacos, vertigem e pressão alta) a emocionais (medo, nervosismo, insegurança e inquietação). Quando se trata de uma ansiedade descontrolada e sem motivos concretos, estamos diante de um quadro que os especialistas chamam de Transtorno de Ansiedade Generalizada (TAG). Nessas situações extremas, a pessoa chega a precisar de acompanhamento médico.

Eu já sofri muito por causa da ansiedade. Com o passar do tempo, fui desenvolvendo um método para controlar minhas aflições. Hoje posso dizer que aceito com tranquilidade o Kairós de Deus e entendo que tudo tem seu tempo certo para acontecer. Vou contar aqui cinco segredos que, tenho certeza, serão muito úteis em sua vida. Posso dizer que são as armas que uso para lutar contra a ansiedade sempre que ela quer me dominar.

1. ORAÇÃO

Podemos rezar a qualquer hora, mas um pouco de disciplina sempre ajuda. O ideal é criarmos o hábito de rezar todos os dias, em torno de trinta minutos a uma hora. Para isso, eu acordo cedo e faço minhas primeiras orações. Nesse momento, deixo que o Philia, o amor fraternal, aqueça meu coração. Só então me sinto pronto para celebrar a missa matinal. Quando encerro a celebração, sempre me dirijo a um canto mais reservado e leio ao acaso algum trecho da Bíblia.

Em seguida, rezo em línguas, deixando o Espírito Santo falar em mim. Por fim, fico em silêncio para escutar o Pai. É dessa forma que, todas as manhãs, renovo a graça de receber o Philia do Senhor.

Durante o dia rezo o rosário. Em momentos de maior ansiedade, repito mentalmente algumas jaculatórias bizantinas e assim substituo a agitação interior pela Palavra de Deus. Nunca há efeito contrário. A oração sempre me acalma. Esse poder regenerador já foi comprovado inclusive por cientistas. Uma pesquisa realizada nos Estados Unidos com pessoas hospitalizadas mostrou o quanto a oração intervém no restabelecimento da saúde. Os pacientes foram divididos em dois grupos: aqueles que rezavam e os que não rezavam. Os resultados demonstraram que as pessoas que rezavam curavam-se mais rapidamente.

Contra a ansiedade, pratique a oração. Converse com Deus diariamente e sinta paz em seu coração.

2. EXERCÍCIOS

Todos sabem que sou formado em Educação Física e que sempre dei importância para a saúde do corpo tanto quanto dou para a saúde da alma. Mesmo depois de abraçar o sacerdócio, mantenho o hábito de praticar exercícios físicos. Gosto de fazer esteira enquanto ouço música ou assisto a um bom filme. Posso garantir que essa é uma das maneiras mais eficazes de controlar a agitação interna. Os exercícios ajudam a nos concentrar e ainda produzem endorfina, um neurotransmissor que reduz o estresse, melhora o humor e combate a ansiedade.

Pratique alguma atividade física. Quarenta minutos diários de caminhada acelerada contribuem para que você perca calorias e ganhe equilíbrio emocional.

3. LEITURA

Ler é uma das melhores formas de se concentrar em si mesmo e esquecer a agitação externa. A leitura de bons livros nos incentiva a ter bons pensamentos, e isso é fundamental para manter a paz da mente. Gosto muito do que o escritor norte-americano Tomie dePaola disse uma vez: "A leitura é importante, porque se você pode ler, você pode aprender alguma coisa sobre tudo e tudo sobre alguma coisa".

Eu sempre digo que ler é um caminho sem volta. Basta começar. Leio desde menino. Na juventude, quando entrei para a Renovação Carismática Católica, minha mãe me levava a uma livraria chamada Lar Cristão. Lá comprávamos dezenas de livros, que eu devorava até a última página. Enquanto lia, eu assinalava as frases que me tocavam o coração, hábito que mantenho até hoje. Atualmente, tenho me interessado em ler sobre a patrística, a filosofia cristã escrita pelos fundadores da Igreja Católica. Percebo que, quando leio, os pensamentos ansiosos não têm vez em minha mente. A ociosidade mental é uma porta aberta para as ideias perturbadoras.

Claro que é indispensável ler a Bíblia para conhecer os ensinamentos de Jesus e dos grandes profetas, mas ler os mestres da literatura também nos põe em contato com o amor Philia. Escritores como Shakespeare ou Machado de Assis conseguiram retratar a alma e a fraternidade humanas em peças teatrais e romances inesquecíveis.

As pesquisas mostram que o brasileiro lê em média apenas quatro livros por ano. Só quatro livros em *doze* meses? É muito pouco. Estabeleça a meta de ler ao menos um livro por mês e verá o resultado. Você encontrará a paz espiritual e manterá a ansiedade bem longe de seu coração.

4. VIAGENS E RETIROS

Ao menos uma vez por ano precisamos tirar férias. Essa pausa é necessária para sairmos da rotina e repensarmos nossas vidas. Conhecer lugares novos e fazer novas amizades são coisas que nos renovam também. Você pode escolher um lugar calmo para ficar alguns dias longe do estresse do cotidiano e das situações que nos causam agitação e desconforto.

Outra sugestão que faz bem à nossa alma são os retiros espirituais. Existe um calendário anual de retiros. Eles acontecem em todos os cantos do Brasil. Alguns dias desfrutando do silêncio de um convento ou em contato com a natureza de um sítio ou fazenda nos fazem entrar em sintonia com o que há de mais sagrado. Meditando sobre as palavras de Deus, você consegue se acalmar, recuperar suas energias e voltar para casa pensando apenas nas questões que realmente importam.

Você voltará recarregado de amor do Pai eterno, recarregado de Philia.

5. FAMÍLIA E AMIGOS

Philia, o amor entre pais e filhos, o amor entre irmãos, é um poderoso antídoto contra a ansiedade que agita nossas vidas. Ele acontece sempre que estamos em família ou entre amigos. As conversas, as risadas, a troca de experiências, tudo o que estreite o laço fraternal resulta em Philia. Não deixe de demonstrar afeto quando estiver na companhia de seus entes queridos. Aproveite para dar um abraço, para fazer um elogio ou para dizer uma palavra generosa. O amor dos familiares e dos amigos acalma o coração.

Ir à igreja também é uma forma de encontrar amigos. O contato com nossos irmãos de fé nos ajuda a crescer. Um ajuda o outro a carregar o fardo da vida. Essa deve ser a atitude de um verdadeiro cristão, porque devemos imitar o Cristo, que nos ensinou o amor fraternal, o amor Philia. Isso é viver de acordo com as palavras do apóstolo São Paulo:

"**19** Na realidade, pela fé eu morri para a Lei, a fim de viver para Deus. Estou pregado à cruz de Cristo. **20** Eu vivo, mas já não sou eu; é Cristo que vive em mim. A minha vida presente, na carne, eu a vivo na fé no Filho de Deus, que me amou e se entregou por mim" **(Gl 2,19-20)**.

Não negue o amor Philia que existe em você. Reparta-o com seus familiares e amigos. Com a naturalidade das coisas simples da vida, Philia voltará de onde saiu, de seu coração, para iluminar sua vida. Porque Philia é o amor de Jesus, o amor que Ele nos ensinou.

Esses são meus cinco segredos para trocar a ansiedade por bons pensamentos. Ao fazer isso, sinto que estou mais perto de Jesus. Como Pai Espiritual, no amor Philia, quero, neste momento, rezar com você uma oração pedindo a Deus que retire toda a raiz de ansiedade de seu coração, de sua mente, de sua vida. Sinta que Deus é real e está em sua presença.

OREMOS

Pai Celestial, em nome de Jesus Cristo e com a
intercessão da Virgem Maria, venho em Tua
presença e Te entrego este meu filho espiritual.
Tu, que conheces todas as perturbações que
afligem a vida dele, arranca toda a raiz de
ansiedade de sua mente.

Que Teu sangue lave e liberte a vida desta pessoa,
e que o Espírito Santo coloque paz neste
coração tantas vezes aflito e ansioso.

Jesus, eu peço que esta pessoa, a partir de hoje,
seja rebatizada por Tuas mãos divinas e receba
como graça a comunicação diária Contigo por
meio da oração.

Peço que dês a ele a força de vontade necessária
para dedicar ao menos quarenta minutos aos
cuidados físicos, nem que seja apenas uma leve
caminhada. Também peço que ele se interesse
pela leitura de bons livros e guarde alguns
minutos de seu dia para que bons pensamentos
entrem em sua mente.

Que ele entenda que tirar alguns dias de descanso
é importante para o combate da ansiedade e
que a convivência com familiares e amigos traz
saúde ao espírito.

Jesus, eu Te peço uma nova vida para esta pessoa.
Que ele consiga quebrar velhos hábitos,
aproximando-se assim mais de Ti.

Que neste momento, Jesus, todo e qualquer tipo
de preocupação que esteja afligindo esta pessoa
seja quebrado e expulso de sua mente, porque
esta mente e este coração estão sendo selados
no sangue de Jesus.
Tudo isso faço em nome do Pai, do Filho e do
Espírito Santo.
Amém.

3
Tristeza

4 *Alegrai-vos sempre no Senhor. Repito: alegrai-vos!* **5** *Seja conhecida de todos os homens a vossa bondade. O Senhor está próximo.* **6** *Não vos inquieteis com nada! Em todas as circunstâncias apresentai a Deus as vossas preocupações, mediante a oração, as súplicas e a ação de graças.* **7** *E a paz de Deus, que excede toda a inteligência, haverá de guardar vossos corações e vossos pensamentos, em Cristo Jesus.* **8** *Além disso, irmãos, tudo o que é verdadeiro, tudo o que é nobre, tudo o que é justo, tudo o que é puro, tudo o que é amável, tudo o que é de boa fama, tudo o que é virtuoso e louvável, eis o que deve ocupar vossos pensamentos.* **(Fl 4,4-8)**

Todos querem ser felizes. Sei que esta é a sua vontade, amado leitor. Sei também que você deseja, do fundo do coração, que todos os seus entes queridos sejam felizes. Ser feliz é a vontade de todo ser humano. E creia: o Senhor *quer* nos ver felizes. Essa é a Sua vontade. Para isso Ele nos deixou Suas divinas palavras. Basta abrir a Bíblia e você tem um verdadeiro guia de como encontrar a felicidade. Viver em Cristo e de acordo com Cristo é a melhor forma de ser feliz. Deixar que Suas palavras ressoem em nossos corações traz paz e harmonia para nossas vidas.

Infelizmente, nem todo mundo se lembra disso. Na correria do dia a dia, afastamo-nos de Deus e de seus ensinamentos. Lembramo-nos Dele apenas para reclamar de Sua falta de misericórdia quando a tristeza nos alcança por alguma razão. Muitas vezes, temos motivos reais para nos sentir tristes, mas acontece também com muita frequência de nos deixarmos levar pelo pessimismo, ocupando nossas mentes com maus pensamentos e agindo de acordo com isso. Não conseguimos enxergar além, não vemos a Luz e nos sentimos tristes. É por isso que convido você a ler a Palavra de Deus todos os dias. Faça da leitura da Bíblia um hábito. Quando estamos preenchidos pelo amor Philia que Jesus tem por nós, a tristeza não encontra espaço em nossos corações.

Embora Deus nos tenha feito à sua imagem e semelhança, não somos deuses. Somos imperfeitos. Nossas vidas são constituídas por momentos bons e momentos ruins, momentos de tristeza e momentos de alegria. Ninguém escapa disso, porque essa é uma condição própria do ser humano. Faz parte da vida. Mas como eu disse no primeiro capítulo deste livro, a tristeza é passageira. As nuvens escuras podem cobrir nosso céu particular por um tempo, mas, quando menos esperamos, o sol volta a brilhar. E Deus está sempre ao lado para dar o suporte de que sua alma precisa durante a dura caminhada até esse amanhecer, até que você se recupere e volte a se encher de Luz.

Muitas vezes, a dor vem para nos ensinar. Não vem para nos embrutecer, mas para nos fortalecer e elevar, para aperfeiçoar nossa alma com o difícil aprendizado da aceitação e da superação. Ninguém mais do que Cristo sofreu tantas dores. No entanto, Ele jamais deixou de nos amar. Ao contrário, por onde passou durante Sua jornada na Terra, Cristo irradiou o amor Philia.

Eu sei o quanto é difícil aceitar a dor. Às vezes, o sofrimento é tanto que achamos que não iremos suportar. Sei o quanto é triste a morte de um filho, de uma mãe, de um pai, de um irmão, de um marido ou de uma esposa. Muitas pessoas, quando passam por isso, chegam a perder a razão de viver. Esquecem que Deus chamou aquela pessoa para ficar ao Seu lado, chamou-a para a Vida Eterna.

Não estou dizendo para que você negue a tristeza. Estou pedindo para que você a aceite. O que eu garanto é que, como tudo, ela passará com o tempo. A dor será substituída pela saudade. A angústia e o desespero passarão e você voltará a viver, retomará sua rotina, estará novamente pronto a doar às pessoas ao seu a redor o amor Philia que há em você. Esse amor que Jesus nos ensinou é uma corrente que não para nunca, jamais se esgota e sempre nos realimenta. A alegria voltará ao seu coração.

Permita que Jesus preencha seu coração de paz e alegria. Ele quer renovar sua vida. Quer tirar a revolta contra Deus de seu coração. Não adianta se enraivecer contra Ele porque a tristeza tomou conta de seu coração. Tudo na Terra tem seu tempo certo. Nossa vida foi feita para a Eternidade e não somente para a existência terrena.

Deus quer você novamente, na paz e na alegria. De nada adianta permanecer triste e levar a vida no mau humor, no desânimo e na derrota. Deus está esperando você de braços abertos. Sinta o poder da Palavra de Deus nesta promessa que Ele nos faz:

"**5** Enquanto viveres, ninguém te poderá resistir; estarei contigo como estive com Moisés; não te deixarei nem te abandonarei. **6** Sê firme e corajoso, porque tu hás de introduzir esse povo na posse da terra que jurei a seus pais dar-lhes. **7** Tem ânimo, pois, e sê corajoso para cuidadosamente observares toda a lei que Moisés, meu servo, te prescreveu. Não te afastes dela nem para a direita nem para a esquerda, para que sejas feliz em todas as tuas empresas. **8** Traze sempre na boca (as palavras) deste livro da lei; medita-o dia e noite, cuidando de fazer tudo o que nele está escrito; assim prosperarás em teus caminhos e serás bem-sucedido. **9** Isto é uma ordem: sê firme e corajoso. Não te atemorizes, não tenhas medo, porque o Senhor está contigo em qualquer parte para onde fores" **(Js 1,5-9)**.

Deus promete estar conosco, mas pede para que Sua Palavra esteja conosco o tempo todo. Tenha ânimo, retire a tristeza do coração e seja corajoso. Deixe que, daqui em diante, as palavras divinas governem seus pensamentos.

Hoje, eu, como Pai Espiritual no Philia, quero que você se apaixone pela Palavra de Deus. Ela é a fonte da alegria, o manual que nos ensina a ter uma vida de amor e harmonia. Lembre-se de que a Bíblia é viva e real. É por meio dela que Deus fala com você.

OREMOS

Meu Deus, em nome do Senhor Jesus Cristo,
peço que retires a raiz de tristeza que possa
haver neste coração, todas as decepções e as
desilusões. Ameniza a dor causada pela perda
de pessoas queridas. Seja qual for a causa dessa
tristeza, meu Deus, que ela desapareça agora,
em Teu nome, Jesus.

Com a autoridade que me foi dada pela Igreja
Católica Apostólica Romana, peço em Teu
nome, Jesus, um rebatismo no Espírito Santo
para que esta pessoa se banhe de amor Philia.
Que esta pessoa se apaixone por Tua Palavra,
que ela tenha sede de Ti, que ela leia todos os
dias algum trecho do Novo Testamento para
purificar a alma.

"Pedi e recebereis", foi o que disseste, e eu creio
nessa Tua promessa. Peço então que toda
a tristeza seja expulsa dos pensamentos e
sentimentos desta pessoa.

Obrigado, Jesus, porque sei que esta oração é real
e sei que, de hoje em diante (diga seu nome)
será um apaixonado leitor de Tuas santas
palavras.

Tudo isso selamos em Nome do Pai, do Filho e
do Espírito Santo.

Amém.

4
Pessimismo

28 *Aliás, sabemos que todas as coisas concorrem para o bem daqueles que amam a Deus, daqueles que são os eleitos, segundo os seus desígnios.* **(Rm 8,28)**

Este versículo da Epístola de São Paulo aos Romanos mostra que, seja o que for que nos aconteça, tudo age a nosso favor e para nosso bem. É uma prova de que Deus tem um propósito para nossas vidas. Ele nos elegeu para receber o amor Philia, que encontramos em Seus ensinamentos e que nos dá força para enfrentar as dificuldades da vida com otimismo e coragem. Não é à toa que as pessoas dizem "fé em Deus" quando querem incentivar umas às outras a seguir em frente com seus projetos. Ele é nosso Amparo e nossa Esperança.

Entretanto, o pessimista não acredita nisso. Ele só consegue ver o lado negativo das coisas. Sempre acha que nada dará certo e o tempo todo espera pelo pior. Se tiver de escolher entre o sim e o não, prefere o não. No fundo, o pessimista é um descrente. Não tem fé nos amigos, não tem fé na vida, não tem fé em Deus. Se tivesse, traria em seu coração a esperança em Jesus.

Meus amados, saibam que por trás de todo pessimismo estão nossos maiores inimigos, as forças do mal, que não querem nossa felicidade e fazem com que vejamos tudo sob o distorcido ponto de vista da negatividade. E é muito fácil, para quem não tem Philia para sustentar a confiança na vida, se deixar levar por esse olhar maléfico, que puxa para baixo todas as ações e pensamentos.

Certa vez, um professor mostrou aos seus alunos uma imensa tela pintada de branco com um minúsculo ponto preto. Perguntou a eles o que viam. Quase todos responderam que viam um ponto preto. O professor ressaltou então que não se tratava de um ponto preto numa tela branca, mas sim de uma tela branca com um ponto preto. Havia uma grande diferença nisso. O que ele quis demonstrar é que preferimos ver o defeito que há nas coisas, por menor que seja, do que suas qualidades. Quantas amizades você perdeu porque as pessoas tinham 99% de qualidades e 1% de defeitos, e por causa disso você achou que não valia a pena ser amigo delas?

Assim fazemos quando criticamos quem está ao nosso redor e não vemos as coisas positivas que traz em seu coração. Fazemos isso quando reclamamos dos pequenos defeitos de nossos parceiros (ninguém é perfeito!) e não vemos o carinho e a dedicação que eles têm por nós. Fazemos isso quando não valorizamos as conquistas de nossos filhos, mas fazemos um escarcéu por causa da pequena falta que eles cometeram. Assim fazemos com as boas oportunidades que temos na vida: em vez de agarrá-las, só enxergamos as dificuldades e as pedras do caminho.

Muitos dizem que os otimistas são pessoas deslumbradas, que não têm noção da realidade. Claro que devemos examinar as coisas de forma realista, mas com a expectativa do otimismo, porque somos cristãos e tudo concorre para nosso bem quando colocamos o foco em Jesus. Quando nos afastamos de Suas palavras, caímos no pessimismo e no descrédito.

No Velho Testamento já encontramos promessas de bem-aventurança que nos ajudam a manter a confiança em dias melhores em nossas vidas. É o caso deste trecho da carta que o profeta Jeremias mandou aos sacerdotes e ao povo deportado por Nabucodonosor para a Babilônia:

"**11** Bem conheço os desígnios que mantenho para convosco — oráculo do Senhor —, desígnios de prosperidade e não de calamidade, de vos garantir um futuro e uma esperança. **12** Vós me invocareis e vireis suplicar-me, e eu vos atenderei. **13** Vós me procurareis e me haveis de encontrar, porque de todo o coração me fostes buscar" **(Jr 29,11-13)**.

Amados, permitam que, de hoje em diante, Deus zele por vocês. Parem de se machucar e se destruir com pensamentos negativos. O inimigo mexe com sua cabeça e coloca suas ideias para baixo na tentativa de que vocês não vejam o lado bom da vida, que é muito maior e mais iluminado do que o lado mau. Cuidado, porque tudo que tira a paz de nossos corações não vem do Senhor, vem do inimigo.

Chegou a hora da mudança. Reze, peça, leia a Palavra de Deus. Substitua os pensamentos negativos pelos ensinamentos de Cristo. Preencha sua mente com coisas boas e belas, leia a Bíblia. Permita que Deus faça você feliz. Tenha fé na vida e no dia de amanhã.

No amor Philia, eu, como Pai Espiritual, quero rezar com você para que Deus possa agir na raiz de seu pessimismo. Para que Ele possa retirar todos os traumas que estão em seu inconsciente e que fazem você ser negativo. O otimismo vem de Deus e Ele quer tocar você com o amor Philia.

OREMOS

Deus, em nome de Nosso Senhor Jesus Cristo,
selo com Teu sangue poderoso a mente da
pessoa que neste momento ora comigo. Coloca
Tuas sagradas mãos nesta fronte, Jesus, e vai
esvaziando anel por anel de tudo que a torna
tão negativa.

Retira a raiz de pessimismo desta mente, meu Deus.
Coloca fé nesta pessoa para que ela enxergue tudo
pela ótica do Senhor. Que ela passe a crer em Ti,
Jesus, e seja mais confiante e feliz.

Nossa Senhora Desatadora de Nós, retira todos os
nós que o inimigo deu nos pensamentos desta
minha irmã, deste meu irmão. Tu, Senhora,
que pisas na Serpente hoje e sempre, que estás
acima de todo Mal, permite que esta pessoa
volte a ter bons pensamentos.

Vem, Espírito Santo, enche esta pessoa com Tua
presença para que a paz esteja presente em sua
mente.

Coloco o capacete da Salvação nesta cabeça,
blindo os pensamentos negativos com
Teu sangue, Jesus. Que de hoje em diante
esta pessoa se proponha a alimentar seus
pensamentos com a Palavra de Deus. Somente
o que edifica entrará em sua mente.

Obrigado, meu Deus, pela nova maneira de pensar
que emprestarás a esta pessoa que reza comigo

em Teu louvor. Que ela consiga olhar como Jesus olhou, pensar como Jesus pensou, viver como Jesus viveu...

Eu selo tudo isso em nome do Pai, do Filho e do Espírito Santo.

Amém.

5
Medo

10 *Nada temas, porque estou contigo, não lances olhares desesperados, pois eu sou teu Deus; eu te fortaleço e venho em teu socorro, eu te amparo com minha destra vitoriosa.* **(Is 41,10)**

O medo é tão antigo quanto a própria humanidade. O homem primitivo, em suas cavernas, já se apavorava com a explosão dos raios e o estrondo dos trovões. Com o rugido das feras e a escuridão da noite. Mas foi graças a esse medo que a humanidade sobreviveu e evoluiu. O medo hereditário que ainda carregamos dentro de nós continua sendo muito útil na sociedade moderna. Ele nos mantém alertas diante de algum perigo que surja em nosso caminho.

Todos nós tememos. Você consegue imaginar alguém que não tenha medo de nada? Com certeza, alguém assim não saberia reconhecer uma situação perigosa e a todo instante colocaria sua vida em risco. Sentir medo, nesse caso, é saudável.

Existe, porém, o medo doentio, o medo que não tem uma explicação lógica. Esse tipo de medo não serve para nada. Ele apenas atrapalha e paralisa. Não podemos ter medo de encarar os problemas. Quando nos falta coragem para enfrentar as dificuldades que surgem em nosso caminho, devemos nos lembrar do Philia do Senhor. É hora de abrir o Evangelho e nos banhar no amor fraterno de Suas palavras. Deus está sempre pronto para nos amparar e nos fortalecer.

E o Senhor nunca falha. A certeza de que Ele está conosco pode ser encontrada no Antigo Testamento:

"**1** O Senhor é minha luz e minha salvação, a quem temerei? O Senhor é o protetor de minha vida, de quem terei medo?" **(Sl 26,1)**

O medo descontrolado e exagerado, que nada tem a ver com um perigo real, costuma se manifestar na forma de fobias. É o caso das pessoas que têm medo de altura ou de avião. Medo de animais, que pode ir desde o cachorro mais manso até pombos e insetos. Medo de elevador e ambientes fechados. Medo de falar em público e vários outros tipos de medo. Quaisquer desses temores podem atrapalhar e limitar bastante a vida de uma pessoa. Podem e devem ser tratados com terapias e ajuda psicológica. Mas é claro que a confiança nas palavras do Senhor dará a força espiritual necessária para superar o medo que escraviza você.

Em diversos momentos a Bíblia nos aconselha a temer a Deus. Isso não significa que devemos ter medo de Deus. Devemos entender o temor a Deus como uma forma de respeito a Ele e às coisas Dele. Como um voto de confiança na proteção divina.

"**26** No temor do Senhor [o justo] encontra apoio sólido; seus filhos nele encontrarão abrigo. **27** O temor do Senhor é uma fonte de vida para escapar aos laços da morte" **(Pr 14,26-27).**

Precisamos aprender a depositar nossa inteira confiança em Deus, mesmo diante dos medos que possam nos atingir ao longo do caminho. Muitos deles vêm de falsos conceitos e ideias distorcidas que contaminam nossos pensamentos. Como disse no capítulo anterior, temos de impedir que o inimigo, munido das forças do mal, entre em nossa vida. É ele que tenta penetrar em sua mente para perturbar você com medos que não são reais, com medo de coisas que nunca vão acontecer.

Confiando em Deus, nós nos recusamos a dar poder ao medo. Suas palavras curam e libertam. Suas palavras são puro Philia. Quando nos deixamos inundar pelo amor que vem de Deus, não há espaço para o medo em nossos corações. É o que nos diz São João em sua Primeira Epístola: "No amor não há temor. Antes, o perfeito amor lança fora o temor, porque o temor envolve castigo, e quem teme não é perfeito no amor" **(1Jo 4,18)**.

Amados, recebo peregrinos de todo o Brasil no Santuário Mãe de Deus, em São Paulo, e ouço deles, todos os dias, impressionantes testemunhos da proteção divina. O mesmo acontece nos relatos que chegam até mim por meio de milhares de e-mails. Todos esses testemunhos reforçam minha convicção de que, quando rezamos, Deus está conosco, derramando sobre nós o Philia que nos fortalece.

Lembro-me do testemunho que ouvi de um rapaz, quando eu também era jovem, durante um retiro da Renovação Carismática Católica. Ele contou que era rebelde e irresponsável, mas sua mãe rezava a Deus pedindo que o protegesse. Um dia, andando em altas horas pela rua, foi abordado por três assaltantes armados. Apavorado, a única coisa que veio à sua mente foi a imagem da mãe rezando por ele. Quando se deu conta, estava de olhos fechados, repetindo as palavras da oração materna: "Jesus, que Teu sangue me proteja de todo o mal". Quando abriu os olhos, os ladrões haviam desaparecido sem nenhuma explicação aparente. Depois de experimentar a milagrosa proteção de Deus, o rapaz mudou de vida, decidiu se aproximar da Palavra Divina e transformou-se em pregador.

Sempre que me lembro desse testemunho, vem à minha cabeça o que disse São Paulo aos Romanos: "Logo, a fé provém da pregação e a pregação se exerce em razão da palavra de Cristo" **(Rm 10,17)**.

Amados, volto a afirmar: o que supera o medo é a fé, e aqui São Paulo nos ensina como ter fé. Ela vem da pregação e da leitura da Palavra de Deus. Essa é a chave contra todos os temores.

Que o Philia do Senhor afaste os medos que paralisam seus passos e afligem seu coração.

OREMOS

Senhor Jesus, neste momento quero te entregar a pessoa que acaba de ler este capítulo.

Tu conheces todos os medos que afligem seu coração e sua mente. Sabes das noites de sono perdidas, da aflição que domina sua ação e seus pensamentos.

Quebra, Jesus, no Teu sangue poderoso, toda a raiz do medo.

Quebra, Jesus, qualquer medo que este meu amado traga no coração causado por traumas do presente ou do passado.

Vem com Teu Santo Espírito fortalecer esta pessoa com o destemor, para que ela se veja livre de qualquer medo e possa viver com a alegria de um filho de Deus.

Jesus, dá coragem para que esta pessoa reserve alguns minutos de seu dia para alimentar a alma com Tua Santa Palavra. Que esta pessoa renove a fé em Ti.

Senhor, recobre esta pessoa com a armadura do cristão, para que ela esteja protegida em nome de Jesus, e que nenhum dardo do mal a atinja. Por maiores que sejam as provações pelas quais esteja passando, este meu amado irá vencer em Ti, Jesus.

Obrigado, meu Deus, porque sei que meus irmãos são protegidos por Ti.

Um espírito de poder e audácia recairá sobre
este meu amado a partir de hoje e fará dele
um vencedor, em nome do Pai, do Filho e
do Espírito Santo.
Amém.

6
Remorso

25 *Sempre sou eu quem deve apagar tuas faltas, e não mais me lembrar de teus pecados.* **(Is 43,25)**

Quantas vezes magoamos nosso próximo sem querer, num momento de raiva e descontrole? Quantas vezes desconfiamos de um ente querido quando essa pessoa está realmente falando a verdade? Quantas vezes somos injustos com nossos filhos porque não valorizamos suas ações e qualidades? Essas são algumas situações que costumam trazer ao nosso coração um sentimento que, aos poucos, vai nos consumindo por dentro: o remorso.

Não há nada de mal no arrependimento. Não somos perfeitos, e qualquer um de nós pode voltar atrás em relação ao que disse ou fez. Acontece que o remorso quase sempre vem acompanhado de uma dose de orgulho que impede o pedido de desculpas. Um verdadeiro cristão sabe que é preciso cultivar a humildade e reconhecer seus erros. Sabe pedir perdão. Mas muita gente se esquece disso. É assim que o remorso se instala no coração e dura muito mais tempo do que deveria. Carregar um remorso pela vida afora é fonte de tristeza e ressentimento. É uma aflição constante que pode até causar doenças e depressão.

Todos os dias sou procurado por pessoas que se dizem mortificadas pelo remorso. Uns porque o orgulho impediu que pedissem perdão no momento certo e agora é tarde demais, porque o ente querido a quem feriram já partiu desta vida. Isso acontece tanto com filhos que magoam os pais quanto com pais que magoam os filhos. Há aqueles que sentem remorso porque traíram seus parceiros num momento de fraqueza. Há outros que se arrependem porque não tomaram o partido de alguém que sofreu algum tipo de injustiça. Há os que se arrependem porque foram ausentes e seus filhos optaram pelo mau caminho das drogas. O remorso, meus amados, tem muitas faces.

Quase sempre é inútil chorar pelo leite derramado. O que podemos fazer é pedir perdão a Deus e, principalmente, nos perdoarmos. Muitas pessoas chegam a acreditar que Deus as perdoou, mas não se perdoam a si mesmos e levam uma vida de tristeza e de torturante autocensura.

Hoje é o dia de você se perdoar. Na Bíblia há muitos exemplos que mostram que isso é possível. Basta lembrar o apóstolo Pedro, que negou Cristo por três vezes no dia em que Ele foi preso e levado à casa do sumo sacerdote para ser julgado. Pedro o seguiu à distância. De madrugada, quando o galo cantou e Jesus olhou em seus olhos, Pedro se lembrou das palavras ditas pelo Filho de Deus poucas horas antes: "Hoje, antes que o galo cante, tu me negarás três vezes". Pedro imediatamente se arrependeu e saiu dali em prantos. Depois da crucificação, o remorso o corroeu por um bom tempo, até que um dia Pedro foi pescar com outros discípulos. Jesus apareceu para ele e por três vezes perguntou: "Tu me amas?". Neste momento, acontece um Kairós na vida de Pedro. Além de se sentir perdoado por Jesus, ele também se perdoou e deu início a uma nova vida de evangelização.

Meus amados, Deus perdoará vocês por qualquer erro que tenham cometido e que hoje enche de remorso seu coração. Ele perdoará vocês como fez com Pedro. Mas antes é necessário que vocês se arrependam e se perdoem. Parem de sofrer e de se censurar. Não se culpem mais. Por mais escuro que tenha sido seu passado, arrependam-se, perdoem-se e Deus os perdoará.

Amados, Deus quer dar um novo futuro a vocês. Uma vida repleta de felicidade, de boas amizades, de sucesso em seus planos e de clareza em suas escolhas. Deus quer colocar Philia em todos os momentos de sua vida. Mas para isso, amados, é preciso que se perdoem para que toda a raiz de remorso seja arrancada de seus corações.

"**32** Antes, sede uns com os outros bondosos e compassivos. Perdoai-vos uns aos outros, como também Deus vos perdoou, em Cristo" **(Ef 4,32)**.

Para conhecer Philia e preencher com ele nossos corações, devemos ter intimidade com Deus por meio da oração e da Palavra Divina.

Muitos se perderam e caíram em tentação, outros fizeram escolhas erradas e se arrependeram, mas nada disso aconteceria se essas pessoas não tivessem se afastado de Cristo. Nunca é tarde para seguir a inspiração do Espírito Santo. Estaremos fazendo assim o que é certo e não nos arrependeremos ou teremos remorsos depois.

Faça comigo esta oração e permita que Deus Todo-Poderoso acolha seu pedido e transforme você numa nova pessoa.

OREMOS

Senhor Jesus, eu admito que guardo remorsos
antigos, que vêm de escolhas erradas que fiz,
de pessoas que magoei, de enganos que cometi.

Peço, Senhor, que esses remorsos me levem ao
verdadeiro arrependimento para que, perdoado
por Ti, eu também possa me perdoar de todo o
coração.

Arranca, Jesus, toda a raiz de remorso de minha
alma, coração e pensamentos. Que Teu sangue
me lave e me liberte de tudo que não venha
de Ti.

Quero viver minha vida na liberdade de filho de
Deus, pois para isso eu nasci. Que o remorso
não tenha mais vez em minha vida.

Obrigado, meu Deus, pela cura interior que está
fazendo em mim hoje. Que o mais profundo
de meu ser seja libertado para que eu volte a
viver uma vida plena de felicidade e harmonia
interior.

Tudo isso eu peço em nome do Pai, do Filho e do
Espírito Santo.

Amém.

7
Vício

1 *O Espírito do Senhor repousa sobre mim, porque o Senhor consagrou-me pela unção; enviou-me a levar a boa-nova aos humildes, a curar os corações doloridos, a anunciar aos cativos a redenção, e aos prisioneiros a liberdade.* **(Is 61,1)**

Todos os dias sou procurado por pessoas que me pedem para rezar por amigos e familiares escravizados por algum tipo de vício. Este capítulo é uma orientação para eles.

Quando falamos em vícios, pensamos logo em álcool e drogas porque são os mais disseminados na sociedade moderna e com consequências devastadoras, comprometendo o viciado tanto física quanto moral e espiritualmente. Mas os efeitos do fumo, do jogo, do excesso de comida e tantos outros exageros não são menos desastrosos na vida de uma pessoa. Nem todo vício causa dependência química, mas não é por isso que deixa de ser vício. Obsessão pelo trabalho, consumismo descontrolado ou compulsão por internet são alguns exemplos.

Uma pessoa que se entrega a qualquer tipo de vício torna-se um refém, um dependente. Sua vida passa a girar unicamente em torno daquilo. Esquece a família, os amigos, o trabalho, a escola, a religião. A droga vem em primeiro lugar. O álcool vem em primeiro lugar. O jogo vem em primeiro lugar. No começo, a pessoa tem a sensação de prazer, mas não demora para que os estragos dessa escravidão apareçam. É preciso muito esforço pessoal para se livrar de um vício.

Alguns, infelizmente, precisam chegar ao fundo do poço para ganhar coragem de lutar. Isso quando não é tarde demais.

Os viciados costumam dizer que "a vida é minha, faço o que quiser com ela". Não percebem o quanto de ilusório e de destruição pode haver numa postura como essa. São Paulo nos ensina em sua Epístola aos Coríntios a grande diferença que existe entre liberdade e conveniência: "Tudo me é permitido, mas nem tudo convém. Tudo me é permitido, mas eu não me deixarei dominar por coisa alguma" (1Cor 6,12).

Estes são os maiores perigos do vício: a dominação e a dependência.

Deus nos deu liberdade, não somos fantoches em Suas mãos. Deus nos deu livre-arbítrio para fazermos nossas escolhas. Entretanto, longe da proteção e da sabedoria de Deus, escolhemos errado e, muitas vezes, acabamos no vício. Quando estamos com Jesus, somos verdadeiramente livres, mas quando estamos no vício, somos cativos.

A antropóloga norte-americana Margaret Mead escreveu: "A virtude é quando se tem a dor seguida do prazer, o vício é quando se tem o prazer seguido da dor". Concordo com isso. Optar pela virtude pode parecer difícil, mas no fim encontramos alegria. O vício, que é o oposto da virtude, primeiramente parece prazeroso, mas no fim podemos encontrar a morte.

Quando organizei, em meu programa de rádio, a semana de oração contra os vícios, eu me deparei com uma estatística chocante: o alcoolismo atinge cerca de 10% da população brasileira. É um número muito alto! Isso significa que temos 20 milhões de pessoas viciadas em bebida. Mas o problema não para por aí. De acordo com outra pesquisa, o alcoolismo afeta, indiretamente, muito mais gente. Os dados comprovam que, para cada alcoólatra, ao menos quatro de seus familiares padecem com as consequências do alcoolismo. Sofrem agressões, espancamento, abandono, penúria, entre outras tristezas. Fazendo as contas, quase metade da população brasileira, direta ou indiretamente, sofre com o vício da bebida. Isso é assustador!

Amados, vou me deter um pouco mais nesse vício porque o álcool é uma droga socialmente aceita e que tem venda legal no país. Anúncios na televisão incentivam o consumo de bebida entre os jovens, associando o álcool a momentos de prazer e alegria. Há pais que levam os filhos pequenos aos bares, muitas vezes com o consentimento das mães, que se iludem com a ideia de que, se o marido está com a criança, será mais difícil para ele assediar outra mulher. Quanto engano, quanta ilusão! Eu garanto a vocês, meus amados, não pode haver exemplo mais destrutivo do que uma criança assistir ao pai ou à mãe se embriagando.

É preciso que fique claro de uma vez por todas: álcool é droga. Alcoolismo é doença. Um alcoólatra precisa de tratamento. Um alcoólatra precisa ser salvo para o Philia do Senhor.

Graças a Deus temos várias pessoas e entidades que lutam para a recuperação desses viciados. Gosto muito do trabalho dos Alcoólicos Anônimos (AA), realizado em muitas igrejas do Brasil. Eles empregam o programa dos doze passos para a recuperação dos viciados em bebida e têm na Oração da Serenidade a sustentação espiritual necessária para que o alcoólatra encontre forças para se curar:

"Deus, dai-me a serenidade para aceitar as coisas que eu não posso mudar, coragem para mudar as coisas que eu possa, e sabedoria para que eu saiba a diferença: vivendo um dia de cada vez, aproveitando um momento de cada vez; aceitando as dificuldades como um caminho para a paz; indagando, como fez Jesus, este mundo pecador, não como eu teria feito; aceitando que o Senhor tornaria tudo correto se eu me submetesse à sua vontade, para que eu seja razoavelmente feliz nesta vida e extremamente feliz com o Senhor para sempre no futuro. Amém."

Como padre e Pai Espiritual, pude acompanhar muitos irmãos no processo de recuperação dos mais diversos vícios. Sei que não é fácil recuperar a sobriedade e se manter nela. Exige muita fé, resignação e perseverança.

Sei que cabe ao viciado dar o primeiro passo. Impor um tratamento ou a internação forçada de nada adianta, pois quando o dependente sai da clínica, recairá no vício. Precisamos rezar e interceder por essas pessoas para que tenham um encontro pessoal com Jesus e queiram se libertar do vício que as torna cativas e infelizes.

Sei que é muito difícil tirar um pai, um filho ou um amigo do vício sem a ajuda de um profissional. Mas sei também a importância do Philia, o amor fraternal de pais e amigos, na recuperação dessas pessoas. A oração e a leitura da Palavra de Deus são um antídoto para esse sofrimento e a sustentação para que viciados e familiares enfrentem essa luta. As palavras de Jesus são consolo e luz, são um farol na escuridão, são puro Philia: "**28** Vinde a mim, vós todos que estais aflitos sob o fardo, e eu vos aliviarei. **29** Tomai meu jugo sobre vós e recebei minha doutrina, porque eu sou manso e humilde de coração e achareis o repouso para as vossas almas" **(Mt 11,28-29)**.

Aqui vai meu recado para o irmão ou irmã que me lê. Se você é um viciado, meu amado, minha amada, hoje Deus quer libertá-lo dessa escravidão. Ele quer dar a você uma vida nova. Quer fazer de você um cristão sóbrio e feliz.

Se você sofre com um viciado dentro de sua família, Deus quer te dar a graça da fortaleza e da sabedoria para saber lidar com essa pessoa. Que você consiga superar toda a mágoa, vergonha e tristeza que sente por ela.

Se você não é viciado e não tem ninguém em sua família com esse problema, Deus quer usá-lo como instrumento para que vá ao encontro dessas pessoas tão necessitadas do amor Philia a fim de dar o primeiro passo.

Eles precisam de nosso amor e não, como disse Jesus, de nosso julgamento. Precisam de acolhimento, amor e perdão. Podemos ser uma ponte para que cheguem à recuperação e à libertação.

Que Deus possa nos capacitar e nos usar como instrumentos de cura de tantos irmãos e irmãs que estão sofrendo por causa do vício.

OREMOS

Senhor Jesus, em Teu nome e pelo ministério recebido da Igreja, quero primeiramente entregar este meu filho, esta minha filha à guarda e proteção de Deus Todo-Poderoso. Viciado nas drogas, no álcool, na comida, na pornografia, na internet, em jogos e em qualquer outro tipo de vício que prejudica sua vida e o torna escravo.

Vem neste momento limpar com Tua Graça a mente acostumada ao vício e que sofre tanto na busca da saciedade quanto na abstinência.

Quebra, Senhor Jesus, toda compulsão, toda dependência escrava. Toca no mais profundo desta pessoa e liberta, em Teu nome, esta pessoa do vício.

Neste momento eu Te entrego todas as pessoas que convivem com viciados e que sofrem tanto na luta para recuperá-los. Que toda raiva, ódio, rancor e vergonha que eles sentem possam ser quebrados. Apazigua esses corações para que tenham paciência e misericórdia. Que essas pessoas nunca desistam de lutar pela cura de seu familiar, porque a libertação é possível quando há fé em Ti, Jesus. Que eles procurem a força de Teu Philia na Eucaristia, no rosário e, principalmente, na leitura da Palavra de Deus.

Obrigado, meu Deus, porque estás curando
 corações, restaurando famílias e pessoas
 vítimas do vício.
Que seja derramada sobre a pessoa que está
 rezando comigo neste momento a bênção capaz
 de extirpar qualquer vício.
Em nome do Pai, do Filho e do
 Espírito Santo.
Amém.

8
Desemprego

7 *Confiai-Lhe todas as vossas preocupações, porque Ele tem cuidado de vós.* **(1Pd 5,7)**

Não há nada mais angustiante para uma pessoa trabalhadora do que não ter trabalho. Perder um emprego de uma hora para outra é o mesmo que se ver sem chão, é o mesmo que se sentir de mãos atadas. Além de uma sensação de fracasso e incompetência, vem a preocupação com o sustento dos familiares. A situação é ainda mais grave para aqueles que têm filhos pequenos ou recém-nascidos. Mesmo para quem não é arrimo de família, o desemprego põe em risco sua própria sobrevivência. O que vou fazer agora? Como vou viver daqui para a frente? A quem posso recorrer? Essas são as perguntas que fazemos nesse momento de tanto desamparo.

Quanto mais nos desesperamos, mais nos afastamos de Deus. O desespero traz muito sofrimento e insegurança não só para quem ficou sem trabalho, mas para todos que estão à sua volta. A aflição e o nervosismo são coisas muito contagiantes que logo afetam a vida de todo mundo. Pior ainda quando o desempregado se entrega ao sentimento de derrota e segue pelo caminho do alcoolismo ou das drogas.

Meus amados, como filhos e filhas de Deus, temos que, antes de tudo, depositar nossa inteira confiança em Jesus.

Sempre que nos sentirmos perdidos e sem esperanças, é a Ele que devemos recorrer. Em todas as horas de nossas vidas, sejam boas ou más, Ele deve ser nosso farol e porto seguro. Suas palavras estão ao nosso alcance na Bíblia para nos consolar e fortalecer.

Você que perdeu o emprego, você que já está cansado de procurar trabalho, peço que ponha o desespero de lado por um momento e medite sobre esta passagem do Evangelho de São Mateus:

"**25** Portanto, eis que vos digo: não vos preocupeis por vossa vida, pelo que comereis, nem por vosso corpo, pelo que vestireis. A vida não é mais do que o alimento e o corpo não é mais que as vestes? **26** Olhai as aves do céu: não semeiam nem ceifam, nem recolhem nos celeiros e vosso Pai celeste as alimenta. Não valeis vós muito mais que elas? **27** Qual de vós, por mais que se esforce, pode acrescentar um só côvado à duração de sua vida? **28** E por que vos inquietais com as vestes? Considerai como crescem os lírios do campo; não trabalham nem fiam. **29** Entretanto, eu vos digo que o próprio Salomão no auge de sua glória não se vestiu como um deles. **30** Se Deus veste assim a erva dos campos, que hoje cresce e amanhã será lançada ao fogo, quanto mais a vós, homens de pouca fé? **31** Não vos aflijais, nem digais: Que comeremos? Que beberemos? Com que nos vestiremos? **32** São os pagãos que se preocupam com tudo isso. Ora, vosso Pai celeste sabe que necessitais de tudo isso. **33** Buscai em primeiro lugar o Reino de Deus e a sua justiça e todas estas coisas vos serão dadas em acréscimo. **34** Não vos preocupeis, pois, com o dia de amanhã: o dia de amanhã terá as suas preocupações próprias. A cada dia basta o seu cuidado" **(Mt 6,25-34)**.

Neste trecho do Evangelho, Deus nos ensina que primeiramente temos que buscar Seu Reino para que nada nos falte. Com o mesmo amor que o Senhor cuida dos animais e dos ciclos da natureza, Ele cuidará de nós, Seus filhos amados.

Pode ser que nesse momento de desamparo você se esqueça da fé, então quero lembrá-lo de que Deus é seu amigo de todas as horas e não irá abandoná-lo no sofrimento. Coloque nas mãos Dele todas as suas ansiedades, medos e angústias. Ele cuidará de seu futuro.

Se você que me lê está passando por essa fase difícil do desemprego, troque o pessimismo e o desânimo pela Palavra Divina. Quando pensamos coisas negativas, acabamos agindo de acordo com elas. Renove seus pensamentos com as palavras do Senhor e não desista. Acredite, com a graça de Deus, você irá conseguir um bom emprego. Tenha ânimo para enviar seu currículo às empresas e conversar com as pessoas em busca de novas oportunidades. Arrume-se adequadamente quando for chamado para uma entrevista, mantenha a confiança no Senhor, assim, você sentirá confiança em si mesmo e transparecerá isso para as outras pessoas.

Lembre-se de que seu sucesso depende de você. A escolha é sua, você pode agir como vítima, como fracassado ou assumir uma atitude perseverante, vitoriosa. Sua escolha faz toda a diferença. Acredite em seu valor, estou certo de que seu Kairós irá chegar. Mas não deixe de fazer sua parte. Vá a uma biblioteca, leia livros que possam ajudá-lo a progredir em sua carreira. Não tenha preguiça de estudar, invista em sua profissão. Pesquise na internet, faça algum curso de especialização profissional.

Também aproveite seu tempo para entrar em comunhão com Deus. Reze, leia as Palavras de Jesus, faça uma retrospectiva de sua vida pessoal e profissional. Pense nos pontos fortes e fracos de sua formação e identifique o que precisa ser mudado. Crie atos concretos de mudança.

O desemprego pode ser um período difícil, mas com Jesus em seu coração será um tempo de colher bons frutos. Não se revolte contra Deus. As provações que passamos servem para nos aperfeiçoar como seres humanos. Lembro aqui a parábola do oleiro, que já contei algumas vezes em meu programa de rádio. Para fazer um belo vaso, em primeiro lugar o oleiro molda o barro. Depois, ele o cozinha em alta temperatura para que se torne resistente e não se quebre ao primeiro choque. Quando postos em alta temperatura, alguns vasos se quebram. Assim somos nós nas mãos de Deus: quando não quebramos diante das dificuldades, saímos mais fortalecidos. Deus é o oleiro que nos molda, e as provações nos fazem mais fortes e íntegros.

Por isso, amados, sei que não irão se quebrar como vasos frágeis. Sei que irão superar as dificuldades porque foram forjados no fogo divino.

Não desperdice mais seu tempo. Enquanto o novo trabalho não chega, aproveite para se reciclar, ler bons livros, rezar e aprender coisas novas. Afaste seu pensamento de tudo o que for negativo e deixe que o Espírito Santo o ilumine.

OREMOS

Senhor Jesus, quero neste momento rezar por
esta pessoa que está desempregada e que se
encontra abatida, desanimada, preocupada,
deixando-se levar pela sensação de fracasso.

Retira, Jesus, todos os maus pensamentos
que atormentam esta mente e que acabam
roubando a paz deste coração.

Jesus, pelo Teu sangue, eu peço para esta pessoa
a graça do rebatismo em Teu Espírito. Que
a partir de agora sua vida seja cheia de paz,
alegria, bons pensamentos e vontade de viver.

Jesus, cuida deste Teu filho para que nunca
falte alimento nesta casa e dignidade para sua
família.

Eu Te peço, Jesus, dá-lhe calma, segurança
e sabedoria na hora de uma entrevista de
emprego. E dá-lhe ânimo para os estudos e
o aprimoramento profissional.

Obrigado, meu Deus, pela porta que se abrirá
e pela luz que iluminará a vida de quem está
diante de Ti.

Tudo isso selamos em nome do Pai, do Filho e
do Espírito Santo.

Amém.

9
Maledicência

8 *Agora, porém, deixai de lado todas estas coisas: ira, animosidade, maledicência, maldade, palavras torpes da vossa boca,* **9** *nem vos enganeis uns aos outros. Vós vos despistes do homem velho com os seus vícios.* **(Cl 3,8-9)**

Pelas palavras contidas nesta carta que o apóstolo Paulo escreveu no início da Era Cristã, podemos ver que o hábito da maledicência é bem antigo. O que sempre me espanta é que ele continue sendo praticado. Por que será que falar mal de alguém é mais fácil do que elogiar suas qualidades? Por que difamar o próximo, quando oferecer nosso amor Philia é fonte de um contentamento muito maior? As palavras de Jesus são muito claras em relação a isso: "[...] É maior felicidade dar que receber!" **(At 20,35)**. E posso dizer, meus amados, que o Philia que damos é o mesmo que recebemos de volta, porque esse é o movimento de todo amor verdadeiro.

Ao contrário, o mexerico não traz nada de bom. Não importa o nome que se dê a essa prática tão maléfica e destrutiva. Fazer fofoca, caluniar, inventar mentiras sobre a vida seja de quem for, tudo isso sempre é motivo de desentendimento entre as pessoas. Há gente que se ocupa tanto em maldizer os outros que não poupa nem mesmo os próprios familiares e amigos. O maledicente é, antes de tudo, um injusto, porque mente e compromete a honra de pessoas inocentes.

Na Bíblia, a maledicência é considerada como injustiça. O apóstolo Paulo pergunta em sua carta aos Coríntios:

"Acaso não sabeis que os injustos não hão de possuir o Reino de Deus?" **(1Cor 6,9)**. Em seguida, enumera quem são os injustos: "nem os ladrões, nem os avarentos, nem os bêbados, nem os difamadores, nem os assaltantes hão de possuir o Reino de Deus" **(1Cor 6,10)**.

Amados, todos os dias ouço inúmeros testemunhos e recebo dezenas de e-mails de pessoas que foram caluniadas por colegas de trabalho, vizinhos ou parentes e, em consequência disso, sofrem discriminação e rejeição. Muitos contam que perderam o emprego por causa de disse me disse. Outros dizem ainda que foram atingidos em sua vida afetiva por fofocas que destruíram casamentos felizes ou velhas amizades.

Eu asseguro a você que uma única palavra maledicente tem o poder de machucar o coração do próximo e pode levar à humilhação, à perseguição e, em casos extremos, à violência e à morte.

No livro dos Salmos, Deus nos alerta:

"**19** Dás plena licença à tua boca para o mal e tua língua trama fraudes. **20** Tu te assentas para falar contra teu irmão, cobres de calúnias o filho de tua própria mãe. **21** Eis o que fazes, e eu hei de me calar? Pensas que eu sou igual a ti? Não, mas vou te repreender e te lançar em rosto os teus pecados. **22** Compreendei bem isto, vós que vos esqueceis de Deus: não suceda que eu vos arrebate e não haja quem vos salve. **23** Honra-me quem oferece um sacrifício de louvor; ao que procede retamente, a este eu mostrarei a salvação de Deus" **(Sl 49,19-23)**.

Com essas palavras somos avisados de que Deus fará justiça aos irmãos caluniados. Não se exponha à ira do Senhor fazendo fofocas e espalhando mentiras. Quantas vezes, mesmo dentro da Igreja, algumas pessoas puxam conversa apenas para manchar a honra do outro. Seja o primeiro a cortar o mal pela raiz. Interrompa o maledicente. Não deixe que ele o suje com a impureza da fofoca. Alerte-o de que a calúnia nada nos acrescenta. Se for para falar mal de alguém, melhor o silêncio. Devemos exaltar as qualidades do próximo e nunca usar palavras para diminuir ninguém. Esse é o amor Philia.

As pessoas que se ocupam da vida alheia costumam apontar defeitos que, muitas vezes, elas mesmas têm. Vale a pena lembrar as palavras do Evangelho de São Mateus:

"**3** Por que olhas a palha que está no olho do teu irmão e não vês a trave que está no teu? **4** Como ousas dizer a teu irmão: Deixa-me tirar a palha do teu olho, quando tens uma trave no teu? **5** Hipócrita! Tira primeiro a trave de teu olho e assim verás para tirar a palha do olho do teu irmão" **(Mt 7,3-5)**.

Quem julga o outro acaba condenando a si mesmo. Está dito na Bíblia que no Juízo Final iremos pagar por todas as más palavras que falamos. Amados, é mais do que urgente deixar a vida alheia de lado e se preocupar apenas com o aperfeiçoamento de seu próprio espírito. Não façamos ao outro o que não gostaríamos que fizessem conosco. Essa é uma regra de ouro e a melhor forma de vivermos em paz com nossos semelhantes.

Se você costuma caluniar, praguejar ou amaldiçoar, hoje Jesus quer retirar este mau hábito pela raiz.

Se você é alvo de calúnias e maldições, Deus quer quebrar todo efeito negativo dessas palavras. Talvez você esteja querendo me perguntar: "Padre, como faço para parar com esse mau hábito?".

Recomendo que você procure um sacerdote e confesse esse pecado tão condenável. Você será absolvido com a bênção de Deus.

A leitura diária da Bíblia ainda é a forma mais eficaz de buscar novos pensamentos e de encontrar o amor Philia. Digo isso baseado em minha própria experiência. Como seminarista, participei de vários retiros e sempre quis me aproximar mais e mais da Palavra de Deus. Um dia, um pregador nos ensinou um método para se tirar o máximo proveito da Sagrada Escritura. É o mesmo que utilizo até hoje e que vou ensinar a você aqui. Reserve vinte minutos de seu dia para ler a Palavra de Deus, ou melhor, para fazer a leitura orante, como essa prática é conhecida. Para completar a leitura de toda a Bíblia em um ano, leia três capítulos por dia, caso você utilize a Bíblia cristã, ou leia quatro capítulos por dia, caso você utilize a Bíblia católica. Com um lápis, uma caneta ou um marcador de texto, assinale os versículos que mais tocarem seu coração. Isso ajudará na memorização e na localização de cada trecho sempre que quiser lê-lo de novo.

Depois da leitura orante, silencie seu coração por alguns minutos e peça ao Espírito Santo que lhe revele um versículo para meditar ao longo de todo o dia. Em seguida, abra a Bíblia ao acaso e descubra o versículo que o Espírito Santo reservou para você. Não se trata de sortilégio. São Francisco de Assis já fazia isso e, hoje, a Renovação Carismática Católica faz o mesmo. Você encontrará assim a orientação e a força necessárias para combater o hábito da fofoca. Por fim, convido você a fazer uma oração comigo. Repita-a por vários dias, até que o Philia divino ocupe em seus pensamentos o lugar da maledicência.

OREMOS

Senhor Jesus, como Padre e Pai Espiritual, quero trazer para diante do Trono do Senhor quem neste momento reza comigo. Em Tua presença, imploro por misericórdia pelas inúmeras vezes que esta pessoa falou mal dos outros, mentiu e caluniou.

Também peço Teu perdão por qualquer tipo de palavras torpes que saíram da boca desta pessoa. Pelas fofocas que acabaram por prejudicar outros irmãos.

Deus, lava esta pessoa no sangue de Jesus, retira toda a raiz do hábito de maldizer e caluniar que tanto desentendimento já causou.

Faz desta pessoa uma nova pessoa. Que ela entenda que foi criada para espalhar Philia e que, para isso, precisa das boas palavras, aquelas que dão conforto e curam toda dor.

O Senhor mesmo nos diz que o que nos sai da boca é o que trazemos no coração; por isso, peço para que essa pessoa seja esvaziada de todo mal. Que o Philia de Deus ocupe, daqui para a frente, o espaço ocupado pela mesquinharia e pela baixeza de espírito.

Também peço, Senhor, para que zeles por todas as pessoas que foram afetadas pela maldade e pela injúria. Quebra toda a maldição que foi lançada sobre essas vidas e sobre suas famílias. Tu tens este poder, Jesus.

Que quem reza comigo neste momento seja
iluminado por Tua luz, Senhor, e que nenhum
tipo de escuridão recubra mais sua vida.
Que desça a bênção de Deus capaz de transformar
e libertar meus amados do mau hábito de
maldizer.
Em nome do Pai, do Filho e do Espírito Santo.
Amém.

10
Inveja

26 *Não sejamos ávidos da vanglória. Nada de provocações, nada de invejas entre nós.* **(Gl 5,26)**

A inveja é um dos sete pecados capitais. De todos eles, talvez seja o mais difícil de controlar. Todos querem ser amados, todos querem ser bem-sucedidos, todos querem uma vida melhor. Quando alguém vê no outro aquilo que ainda não conseguiu, sente inveja. Ao contrário do que muitos apregoam, esse não é um sentimento que estimula e ajuda a crescer. Quando você sente inveja, está também se sentindo menos capaz, menos merecedor, menos afortunado. Você sente raiva, você sente ódio e blasfema dizendo que Deus não está ao seu lado, que Ele se esqueceu de você.

Deus prometeu o Reino dos Céus aos puros de coração. Só quem tem o coração puro não sente inveja. Só quem acredita nas palavras divinas e aguarda com fé o Kairós que Deus reserva a cada um de nós consegue compartilhar do sucesso alheio, certo de que seu próprio momento de felicidade também chegará um dia.

A inveja facilmente se instala no coração dos homens porque não somos perfeitos. Precisamos combatê-la para aperfeiçoarmos nosso espírito, pois é um sentimento que não nos traz nada de bom. Basta que nos lembremos do exemplo de Caim. O que lhe trouxe a inveja que sentiu do irmão Abel além da indignação divina? Além da degradação, da injúria e da morte?

Deus nos criou à Sua própria imagem e semelhança, deixando-nos Suas palavras para que nos tornássemos homens espirituais. A inveja é apenas humana, não pertence ao plano elevado dos Céus. O apóstolo Paulo disse ao povo de Corinto: "Com efeito, enquanto houver entre vós ciúmes e contendas, não será porque sois carnais e procedeis de um modo totalmente humano?" **(1Cor 3,3)**. Quem se deixa dominar pela inveja está sendo conduzido pela carne e não pelo espírito. Está se afogando na mais rasa humanidade e não usa os canais que Deus nos deu para entrarmos em contato com Ele e nos engrandecer de Sua Luz.

O maior de todos os antídotos contra a inveja é o amor Philia. Nele só há espaço para a caridade, que nada mais é do que amor ao próximo, aquele que nos faz gratificados e nos torna plenos do amor de Deus. Em outro momento da Epístola aos Coríntios, o apóstolo Paulo nos dá, em minha opinião, uma das melhores definições do amor Philia, a mais alta expressão do amor fraterno:

"**4** A caridade é paciente, a caridade é bondosa. Não tem inveja. A caridade não é orgulhosa. Não é arrogante. **5** Nem escandalosa. Não busca os seus próprios interesses, não se irrita, não guarda rancor. **6** Não se alegra com a injustiça, mas se rejubila com a verdade. **7** Tudo desculpa, tudo crê, tudo espera, tudo suporta" **(1Cor 13,4-7)**.

Amados, devemos ter muito cuidado quando percebemos que o mal da inveja está rondando nosso coração. Se isso acontecer, peçam perdão a Deus e lembrem-se de quantas graças Ele dá a vocês todos os dias. O amor Philia de Deus afasta nossos olhos e nosso coração de toda e qualquer inveja.

Ao longo de meu ministério, deparei com pessoas que, mesmo dentro da Igreja, visavam seus próprios interesses e não os interesses de Deus e, por isso, sempre sofriam com o mal da inveja. Para essas pessoas, eu reservava três conselhos que agora registro aqui para você que me lê. Para que se lembre deles quando a inveja estiver rondando seu coração.

1. FOCAR OS NOSSOS OLHOS EM JESUS

Quando nosso objetivo principal é servir a Deus, devemos abrir nosso coração para que Ele faça uma limpeza em nossa vida interior e retire tudo o que não vem Dele. Passamos por uma conversão diária e enxergamos tudo o que nos acontece com os olhos de Jesus.

2. PARA VER COM OS OLHOS DE JESUS, PRECISAMOS APRENDER COMO ELE VÊ

Quando lemos o Novo Testamento, aprendemos com os exemplos de Jesus. Basta prestar atenção em como Ele agia. O Filho de Deus enfrentou a inveja dos sacerdotes hebreus e a injúria dos homens sem fé, mas conseguiu combater esses males distribuindo amor fraterno, o amor Philia.

Na Epístola do apóstolo Paulo aos Romanos podemos aprender o quanto é importante renovar nossa maneira de pensar para melhor compreender a Palavra Divina:

"**2** Não vos conformeis com este mundo, mas transformai-vos pela renovação do vosso espírito, para que possais discernir qual é a vontade de Deus, o que é bom, o que Lhe agrada e o que é perfeito" **(Rm 12,2)**.

3. SERVIR AOS OUTROS

Quem serve a seus semelhantes, movido pelo amor fraterno, não tem espaço para a inveja em seu coração. Quando servimos aos outros, esquecemo-nos de nossos desejos egoístas, a felicidade alheia nos deixa felizes, não é motivo de desgosto ou de cobiça. Deus quer fazer de cada um de nós uma via para levar a graça divina ao próximo. Para isso nos deu a capacidade do amor Philia.

Precisamos ser gratos pelas oportunidades que Deus nos dá. Cientes do que já temos, ganharemos força e vontade para lutar por uma vida digna. Hoje, muita gente sonha em ter dinheiro para comprar tudo o que vê anunciado na TV. Mais importante do que ter bens materiais é ter uma vida digna e honrada. Precisamos ser exemplos para nossos filhos, temos de dar a eles valores morais cristãos, e só assim poderemos viver numa sociedade mais amorosa e menos violenta. A obsessão pelo dinheiro e pelo poder leva fatalmente à inveja, a pessoa nunca está satisfeita e cada vez deseja mais e mais porque acredita que os outros têm mais do que ela.

Irmãos, meu avô Alfredo sempre me dizia para nunca me impressionar com alguém que fosse mais rico. Que todas as vezes que isso acontecesse, eu devia olhar para trás e ver quantas pessoas tinham ainda menos do que minha família. Insistia para que eu fosse grato a Deus pelo que Ele permitia que tivéssemos. Para meu avô, quem se comportava desse jeito era mais feliz porque não tinha inveja e podia viver em paz com seu próximo. Anos mais tarde, estudando a Bíblia, encontrei estas palavras de São Tiago que imediatamente fizeram me lembrar de meu avô e do quanto ele foi sábio para comigo: "Onde houver ciúme e contenda, ali há também perturbação e toda espécie de vícios" **(Tg 3,16)**. Deus quer retirar o mal da inveja de seu coração. Hoje é o dia de sua libertação. Leia comigo esta oração e sinta o amor de Jesus se instalando em seu coração.

OREMOS

Em nome de Jesus, e na pessoa Dele como padre, quero orar junto com a pessoa que agora me lê. Meus filhos, Jesus está colocando a mão sobre sua cabeça para lhes dar a graça de que tanto necessitam.

Pela autoridade recebida da Igreja, quebro toda a raiz de ambição e inveja que habita em seu coração. Que a força da fé apague de seus pensamentos todo olhar de inveja lançado sobre as conquistas alheias. Que apague o desejo de possuir os bens que os outros têm, sejam eles materiais ou não.

Que o Espírito Santo ilumine quem neste momento reza comigo para que encontre em si mesmo o talento que Deus dá a todos.

Jesus, coloca Tua virtude no lugar do pecado da inveja. Dá a quem reza comigo a virtude da gratidão e da aceitação, para que assim esta pessoa possa perceber quantas graças e bênçãos possui na vida.

Que esta pessoa acorde toda manhã com ânimo renovado e com um sorriso no rosto, porque sabe que Deus está ao seu lado. Que ela sempre se lembre de que nunca está sozinho quem anda com Jesus.

Que o Espírito Santo com seus frutos possa habitar e fecundar este coração. Que esta

pessoa comece a servir aos outros, pois quem
assim procede não inveja nem deseja o mal de
ninguém.
Obrigado, Jesus, pela transformação nos
pensamentos e sentimentos desta pessoa
a partir de agora.
Que Tua graça habite hoje e sempre o coração
desta pessoa e que a felicidade seja uma
constante em sua vida.
Selo a paz desta pessoa em nome do Pai, do Filho
e do Espírito Santo.
Amém.

11
Ciúme

32 *Quem comete adultério carece de senso, é por sua própria culpa que um homem assim procede.* **33** *Só encontrará infâmia e ignomínia e seu opróbrio não se apagará,* **34** *porque o marido, furioso e ciumento, não perdoará no dia da vingança.*

(Pr 6,32-34)

Muita gente acredita que o ciúme é uma prova de amor. Há até quem provoque ciúme no parceiro apenas para testar se é amado de verdade. Que ilusão! O ciúme não é sintoma de amor. Quanta discórdia, quantas brigas, quantos casamentos desfeitos, quanta violência, quantos crimes já foram cometidos por pessoas tomadas pela cegueira do ciúme.

Amados, para haver amor é necessário ter confiança, e quem confia em seu parceiro não sente ciúme. Amor é respeito pelo outro, enquanto ciúme é desconsideração e desconfiança. Quem tem ciúme acredita que está sendo traído ou que pode vir a ser trocado por outra pessoa. Mais do que prova de amor, é sinal de insegurança e baixa autoestima.

O ciúme não é só dirigido a namorados ou esposos. Pode atingir filhos e amigos também. Há pais que não admitem dividir o afeto dos filhos e fazem o possível para afastá-los do convívio com outras pessoas. Do mesmo modo, há quem sinta ciúme dos amigos e não suporte a ideia de reparti-los seja com quem for. Ciumentos desse tipo tornam-se então cada vez mais possessivos, controladores, e passam a fazer cobranças sem sentido.

Não nascemos para ser exclusivos nas amizades, somos exclusivos apenas com Deus. O próprio Senhor nos criou para formarmos laços afetivos aqui na Terra e cultivar o amor pelo próximo, o amor Philia. Ninguém é uma ilha. Precisamos uns dos outros, precisamos de nossos irmãos para servir à Igreja. O amor Philia existe para nos unir, ele pede para que sejamos muitos. O ciúme não vem de Deus. Precisamos abrir nossos corações a novas amizades, do mesmo modo que temos de compreender quando algum velho amigo se afasta de nós por motivo de mudança ou outra razão pessoal. Isso também é amor Philia.

Não existe amor que não venha de Deus, e nunca é demais nos lembrarmos das palavras do apóstolo João: "Temos de Deus este mandamento: o que amar a Deus, ame também a seu irmão" **(1Jo 4,21)**. Em casos extremos, o ciúme pode se tornar incontrolável e se transformar numa verdadeira obsessão. Esse tipo de ciúme doentio precisa ser tratado com psicoterapia. Ele é causa de sofrimento não só para quem o sente, mas para todos que estão à sua volta, tornando as relações familiares e as amizades impossíveis.

Na desordem que emoções descontroladas sempre causam, muita gente confunde ciúme com inveja. Embora os dois sentimentos sejam destrutivos e fonte de sofrimento, são coisas bem diferentes, quase opostas. Enquanto o ciúme vem do sentimento de posse, daquilo que se possui e que se tem medo de perder, a inveja nasce de algo que não se possui, mas que se deseja ardentemente ter.

Ao longo de meu sacerdócio, perdi a conta do número de casais que vieram se queixar comigo, dizendo que já não aguentavam mais o ciúme da mulher ou do marido. Eu me lembro do testemunho de um homem que me contou que até a hora do banho havia se transformado numa tortura, pois ele sabia que, enquanto estava debaixo do chuveiro, a esposa vasculhava suas roupas e seus bolsos à procura de marcas de batom ou algum bilhete amoroso comprometedor. Isso o deixava extremamente infeliz, pois amava a mulher, mas sentia que ela não acreditava na sinceridade de seu afeto.

Também me lembro do depoimento de uma jovem esposa, que já nem dormir conseguia mais. O marido trabalhava à noite e, ao menor atraso, ela já o imaginava na companhia de outras mulheres. Descontrolada, recebia-o com gritos e acusações, antes mesmo que ele revelasse o real motivo da demora. Quando o marido se deitava, ela então se punha a conferir as chamadas do celular para ver se achava alguma ligação suspeita. Nunca encontrou nada comprometedor, mas, em vez de se acalmar, isso só a deixava ainda mais desconfiada.

Hoje, em tempos de redes sociais, fica bem mais fácil para o ciumento controlar os passos de parceiros ou de amigos. Cada nova postagem de fotos de uma festa ou de um encontro com colegas de trabalho vira motivo de suspeita. A verdade é que ninguém suporta ser cobrado e monitorado o tempo todo. O ciumento, em vez de amor, colhe o abandono e a solidão.

Meus amados, se vocês se identificam com os casos relatados, saibam que Deus quer tirar o peso desse sentimento de sua vida. Sentir ciúme é uma carga muito pesada para se carregar, um sentimento que aprisiona tanto você quanto quem está ao seu lado. Nós fomos feitos para a liberdade, o amor só se aloja em nossos corações quando há confiança e respeito.

Num casamento, é natural que se construa a vida a dois. Um relacionamento feliz é troca e completude. Claro que a mulher deve se manter fiel ao homem, e o homem fiel à mulher. Foi para isso que Deus os reuniu, e esse foi o juramento feito ao Senhor ao pé do altar. Mas todos precisam de momentos de privacidade. Às vezes, é necessário que os homens tenham uma tarde inteira para jogar futebol com amigos ou que as mulheres se reúnam para conversar e se divertir, fugindo assim, por algumas horas, da rotina diária. Isso é saudável e mantém os laços ainda mais unidos.

O ciúme acaba desgastando os relacionamentos amorosos e as amizades porque o outro se cansa de sua desconfiança, de suas cobranças e de suas reclamações. Inverta os papéis e imagine como você se sentiria ao lado de alguém que, o tempo todo, desconfia de seus sentimentos e atitudes. Claro que isso seria motivo de frustração e desgosto. Quem ama confia.

Pare de se maltratar. Você tem valor. Então se dê valor. Você não precisa do ciúme para amar e se sentir amado.

Deus quer salvar seu casamento, Deus quer que você tenha muitos amigos, Deus quer ver homens e mulheres unidos pelo amor Philia.

Neste momento, Jesus quer promover uma mudança em seu coração. Ele tem poder para isso. Chegou o dia de sua libertação, meus filhos. E para que vocês se libertem do tormento do ciúme, vamos agora rezar juntos.

OREMOS

Jesus, em Teu nome, quero pedir pela pessoa que
lê comigo esta oração. Peço que retire do fundo
de sua alma qualquer raiz de ciúme, para que
ela possa viver em paz e com mais alegria.

Cura, Senhor, esta pessoa do mal da desconfiança
e da insegurança. Tu tens esse poder, meu Deus.

Apaga, Jesus, qualquer vestígio de trauma que
possa ter causado tanta fragilidade emocional a
esta pessoa. Que ela adquira mais confiança em
si mesma e mais autoestima. Que comece a se
amar para poder amar seu próximo.

Elimina qualquer tipo de possessividade e de
controle que esta pessoa possa ter sobre a vida
de seu cônjuge ou sobre a dos amigos. Que ela
não sofra mais com isso e descubra a felicidade
e a serenidade do amor Philia.

Jesus, que esta pessoa sinta, a partir de agora,
a leveza de se ver livre desse sentimento
escravizante que é o ciúme.

Agradeço, Jesus, pela cura que estás realizando
no interior desta pessoa. Que ela aprenda que
o verdadeiro sentido do amor é a confiança e o
respeito.

Selo a fronte desta pessoa em nome do Pai, do
Filho e do Espírito Santo.

Amém.

12
Ira

8 *Guarda-te da ira, depõe o furor, não te exasperes, que será um mal,* **9** *porque os maus serão exterminados, mas os que esperam no Senhor possuirão a terra.* **(SI 36,8-9)**

Este conselho do Velho Testamento serve como nunca para o homem dos dias de hoje. A ira parece ter se tornado uma marca da vida moderna. Não está apenas por trás das guerras, dos atentados terroristas ou da intolerância religiosa; está presente em nossa rotina diária. Seja no trânsito, no trabalho, em família, as pessoas explodem por qualquer motivo. Gritam, xingam, perdem a paciência, brigam, discutem. Esquecem-se de que a ira é um pecado grave. É um dos sete pecados capitais.

A advertência do Livro dos Salmos baseia-se numa grande verdade: a ira sempre nos leva ao mal. Isso porque ela pode se desdobrar em muitos outros sentimentos igualmente daninhos e destrutivos, entre eles, o desejo de vingança. Quando uma pessoa se deixa tomar pelo famoso "olho por olho", é capaz de praticar atos abomináveis e até mesmo cruéis. Isso porque o impulso vingativo costuma cegar quem dele se contamina. Num momento de fúria, até a pessoa mais retraída se transforma em uma criatura monstruosa, disposta a tudo para se desforrar, para se sentir quite em relação ao mal que o outro lhe causou.

Vemos todos os dias no noticiário da TV casos de pessoas que, dominadas pela ira, praticaram crimes hediondos.

Parentes e vizinhos, ainda perplexos, afirmam diante das câmeras que o criminoso era calmo, trabalhador e gentil, que nunca incomodou ninguém. O que foi então que, por um momento que seja, anulou seu bom senso e o levou a praticar um ato impensado? A cegueira da ira é a resposta.

Amados, estejam certos de uma coisa: o maior mal que uma pessoa irada pode causar é a si mesma. É muito difícil conviver com alguém que, por qualquer motivo, perde o controle, esbraveja, grita e ameaça. Ao mesmo tempo que essa pessoa causa medo, provoca também o distanciamento até mesmo de seus entes mais queridos. Ninguém quer se aproximar dela, nem amigos nem familiares, pois sabem que serão maltratados. Ninguém vem lhe dar carinho ou conselhos, pois sabe de antemão que não será ouvido e ainda corre o risco de ser repelido.

Movidas pela cólera e exasperação, as pessoas tomam decisões impensadas. Rompem namoros, desfazem casamentos, agridem os filhos e os próprios amigos. Chegam até a perder o emprego ou desmanchar sociedades. Quantas palavras injustas e cruéis são "jogadas na cara", como se costuma dizer, na hora da raiva. Palavras que ferem e causam sofrimento a quem está ao redor.

Muitos irmãos me procuram no Santuário Mãe de Deus em busca de orientação de como lidar com a ira. São maridos que escondem dívidas ou outro problema familiar com medo da reação explosiva da mulher. São esposas que não conseguem compartilhar a educação dos filhos com o esposo porque temem que ele os agrida fisicamente ou com palavras de baixo calão. São filhos que não sabem como demonstrar o amor que sentem pelos pais com receio de ser ridicularizados e desprezados. Eu peço então a essas pessoas que se lembrem da força do amor Philia, tão bem descrita no Livro dos Provérbios: "O ódio desperta rixas; a caridade, porém, supre todas as faltas" **(Pr 10,12)**.

A ira é o oposto do amor Philia. A raiva nasce habitualmente de motivos egoístas, de corações duros, que não sabem dividir, não sabem aceitar, não sabem entender. A ira vem de pessoas que querem sempre ter razão, nunca estão dispostas a ouvir e reagem com violência quando são contrariadas.

Aqueles que estão acostumados a ter acessos de ira não medem hora ou lugar. Gritam e se exaltam na frente de qualquer um. Podem explodir em locais públicos, expondo quem está ao seu lado à humilhação e ao escândalo. É muito comum que, depois de um ataque de fúria, venham a culpa e a vergonha. Geralmente, é tarde demais. O mal já foi feito. Mesmo quando a pessoa pede desculpas e promete que aquilo não se repetirá, seus amigos e familiares sabem que a promessa vai durar apenas até a próxima crise.

A Bíblia está repleta de ensinamentos que pregam o amor fraterno e a mansidão de nossas emoções, que nada mais são do que o autocontrole e a serenidade de espírito. A paz e a concórdia estão nas palavras de Jesus, em tudo o que ele fez e disse durante Sua rápida passagem entre os homens. O amor Philia, o amor fraternal, é a base do cristianismo.

A melhor maneira de combater a exaltação descontrolada é munir-se da Palavra Divina. Talvez uma das lições de Cristo mais conhecidas seja a que está no Evangelho de São

Mateus: "Eu, porém, vos digo: não resistais ao mau. Se alguém te ferir a face direita, oferece-lhe também a outra" **(Mt 5,39)**.

Com essas palavras, Jesus não está nos incentivando a aceitar as injustiças praticadas contra nós e contra nosso próximo, não está de forma alguma pregando o conformismo. Ele quer mostrar apenas que a suavidade de espírito vale mais do que a ira. Ele quer que você coloque a paciência no lugar da agressividade. Ele quer que você troque a raiva pelo perdão.

A ira não nos leva a lugar nenhum. Precisamos aprender com Cristo e praticar Sua sabedoria. Certamente não é com o mal que se combate o mal. Violência gera apenas mais violência, como estamos cansados de ver todos os dias. Quando o ódio tomar conta de seu coração, não grite, não blasfeme, não diga nada. Acalme-se, reze, espere pelo dia seguinte. Nada como uma boa noite de sono para apaziguar os ânimos e restaurar a paz.

Vale muito mais a pena ser bondoso e gentil do que ser o dono da última palavra. Quanto desentendimento podemos evitar quando somos amáveis, quando oferecemos Philia em vez de ódio. Quantas brigas desnecessárias acontecem apenas porque queremos ser os donos da verdade. Nessa hora você deve se lembrar de que só existe uma verdade: Jesus.

Antes de pensar em vingança, é melhor guardar em seu coração as palavras do Senhor que estão no cântico de Moisés, no Antigo Testamento: "**34** Eis uma coisa que está guardada comigo, consignada nos meus segredos: **35** a mim me pertencem a vingança e as represálias" **(Dt 32,34-35)**.

Cabe ao Senhor infligir castigo aos maus. Ele sabe o momento certo de punir as injustiças e os pecados. A você cabe o perdão. Domine a ira, rejeite a raiva, permaneça no caminho do bem. Quando esses sentimentos não são combatidos, causam estragos em nossa vida e na vida das pessoas ao nosso redor. Aceite o amor Philia como solução para tudo aquilo que puser à prova sua serenidade.

Amados, a partir de hoje, mantenham-se alertas. Quando a raiva e a ira quiserem se instalar em seu coração, submetam esses sentimentos a Jesus. Rezem e peçam ajuda ao Senhor. Ele trará de volta a paz e a serenidade.

OREMOS

Senhor Jesus, a Teus pés deposito todos os meus
sentimentos, oferto a Ti meu coração.

Retira de mim toda a raiz de ira, raiva, ódio e mágoa
que eu possa ter contra meus familiares, amigos
e colegas de trabalho. Que eu não perca mais o
controle e não lance sobre eles minha cólera.

Que eu contenha minha agressividade tanto em
relação às pessoas com quem convivo quanto
com os desconhecidos que venham a cruzar
meu caminho.

Afasta o impulso de fazer justiça com minhas
próprias mãos, pois agora sei que a justiça
pertence somente a Ti, Jesus. Não cabe a mim
exercê-la. Hoje eu entrego o poder de julgar e
punir exclusivamente em Tuas mãos, meu Deus.

Lava-me a alma, restaura-me, apazigua meu coração.
Que eu prefira, em todas as horas, ser bom, manso e
gentil. Que eu viva o cristianismo na prática, todos
os dias, todos os instantes de minha vida.

Eu me rendo a Ti, Jesus. Faz de mim o que
Tu quiseres, torna-me um mensageiro da
paz. Onde quer que eu vá, que leve comigo a
fraternidade e a harmonia.

Obrigado, meu Deus, porque sei que de hoje em
diante, dia a dia, farás obra nova em mim.

Tudo isso eu peço em nome do Pai, do Filho e do
Espírito Santo.

Amém.

13
Ingratidão

15 *Triunfe em vossos corações a paz de Cristo, para a qual fostes chamados a fim de formar um único corpo. E sede agradecidos.* **16** *A palavra de Cristo permaneça entre vós em toda a sua riqueza, de sorte que com toda a sabedoria vos possais instruir e exortar mutuamente. Sob a inspiração da graça cantai a Deus de todo o coração salmos, hinos e cânticos espirituais.* **17** *Tudo quanto fizerdes, por palavra ou por obra, fazei-o em nome do Senhor Jesus, dando por ele graças a Deus Pai.* **(Cl 3,15-17)**

A mados, a ingratidão nunca traz nada de bom: nem para quem é vítima desse sentimento tão condenável, nem para quem o pratica. No entanto, neste mundo egoísta em que vivemos, as pessoas se mostram cada vez menos gratas, cada vez menos capazes de reconhecer o bem que recebem. Do mesmo modo que esqueceram a gentileza das expressões "bom-dia" ou "por favor", esqueceram também a palavra "obrigado".

Não que a ingratidão seja um mal nascido na sociedade moderna. Ela já era praticada desde a passagem de Cristo pela Terra. Triste é saber que, depois de mais de dois milênios, esse mal ainda permaneça no coração dos homens. Jesus conheceu de perto a ingratidão. O episódio da cura dos dez leprosos, descrito no Evangelho de São Lucas, é um bom exemplo disso:

"**12** Ao entrar numa aldeia, vieram-lhe ao encontro dez leprosos, que pararam ao longe e elevaram a voz, clamando: **13** 'Jesus, Mestre, tem compaixão de nós!'. **14** Jesus viu-os e disse-lhes: 'Ide, mostrai-vos ao sacerdote'. E, quando eles iam andando, ficaram curados. **15** Um deles, vendo-se curado, voltou, glorificando a Deus em alta voz. **16** Prostrou-se aos pés de Jesus e lhe agradecia. E era um samaritano. **17** Jesus lhe disse: 'Não ficaram curados todos os dez? Onde estão os outros nove? **18** Não se achou senão este estrangeiro que voltasse para agradecer a Deus?!'. **19** E acrescentou: 'Levanta-te e vai, tua fé te salvou'" **(Lc 17,12-19).**

Como podemos descrever uma atitude dessas senão usando a palavra ingratidão? Dos dez doentes que se beneficiaram do milagre de Jesus, apenas um voltou para agradecer! Se Ele, que era filho de Deus, passou por tamanho desacato, o que esperar daqueles a quem estendemos a mão? Claro que existem pessoas agradecidas. Mas na hora de ajudar alguém, nosso objetivo não deve ser o retorno que isso nos trará, não devemos esperar pela gratidão. O que deve nos mover é o amor Philia, o amor fraterno que Jesus nos ensinou. Entregamos nas mãos de Deus a consequência de nossos atos. Lembremos sempre das palavras do apóstolo Paulo: "Não nos cansemos de fazer o bem, porque a seu tempo colheremos, se não relaxarmos" **(Gl 6,9).**

Assim como aconteceu com Cristo, todos nós vivemos uma ingratidão que nos magoou profundamente. Assim como aconteceu com Ele, alguém nos virou as costas sem uma palavra sequer de agradecimento. Nem por isso devemos deixar de fazer o bem. Ao contrário, devemos seguir ao pé da letra a expressão popular que diz "fazer o bem sem olhar a quem", pois o próprio Deus nos ensinou que precisamos amar ao próximo como a nós mesmos.

Muita gente confunde gratidão com humilhação. Por isso é tão comum que uma pessoa que nós ajudamos — seja emprestando dinheiro, seja cedendo um espaço em nossa casa para que ela more provisoriamente, seja apenas com palavras de conforto num momento difícil — acabe nos retribuindo com ingratidão e até se afastando de nós. No desespero, ela aceita a ajuda, mas depois se sente humilhada e envergonhada.

Amados, não façam o bem à espera de reconhecimento. Praticar a caridade é nosso dever de cristãos.

Gosto dos versos do conhecido poema "Os mandamentos paradoxais", escritos pelo americano Kent M. Keith, que Madre Teresa de Calcutá mantinha pendurados na parede da Casa da Esperança, o lar infantil de que ela cuidava, na Índia. Gosto deles porque nos ensinam a fazer o bem sem esperar recompensa e nos estimulam a ser bons mesmo quando a resposta é a ingratidão. Em tradução livre, dizem o seguinte: "As pessoas estão realmente precisando de ajuda, mas podem atacá-lo se você ajudá-las./ Ajude as pessoas mesmo assim./ Dê ao mundo o melhor de você, e você poderá ser devorado./ Dê ao mundo o melhor de você mesmo assim".

Devemos fazer nossa parte. Se as pessoas nos pagarem com ingratidão, quem deve julgá-las é Deus. Continuaremos a ser bons e honestos. Continuaremos a praticar o bem. Deus tudo sabe e tudo vê.

Amados, quero contar uma história de ingratidão que me marcou muito e que mostra bem como funciona a justiça divina. O testemunho chegou ao meu conhecimento por meio de uma carta enviada por uma ouvinte de meu programa de rádio. Ela contou que, em sua juventude, conseguiu emprego para sua melhor amiga na mesma empresa em que trabalhava. Pouco tempo depois, por interesses pessoais, a amiga passou a fazer intrigas junto ao chefe. As fofocas chegaram a tal ponto que ela foi demitida. Muitos anos se passaram até que a mágoa abandonasse seu coração. Resolveu mudar de vida e foi estudar enfermagem. Um dia, já trabalhando como enfermeira em um hospital, foi designada para cuidar de uma paciente em estado grave. Ao entrar no quarto, reconheceu a amiga traiçoeira. Sua primeira reação foi virar as costas e se retirar, mas mudou de ideia. Afinal, estava ali para ajudar a salvar vidas, fosse de quem fosse. Ao voltar para o quarto, encontrou a amiga debulhada em lágrimas. Ela contou à enfermeira que havia se arrependido do mal cometido e que, durante muitos anos, em suas orações diárias, suplicava a Deus pela chance de reencontrá-la para pedir perdão. Aquele quarto de hospital foi o lugar que Deus escolheu para que isso acontecesse.

Vejam, amados, como o mundo dá voltas e como é infalível a justiça de Deus.

Se você é uma pessoa ingrata ou foi ferido pela ingratidão de alguém, Deus quer curar hoje a ferida de seu coração. Ele quer que, daqui para a frente, você ajude os outros sem esperar nada em troca. Ele quer que você continue praticando o bem e tenha o coração agradecido apenas por fazer isso.

Considero tão importante agradecer a Deus que compus uma música chamada "Coração agradecido", que está em meu CD *O tempo de Deus*. Aprenda a letra e cante comigo. Espero que estas simples palavras o ajudem a se render a Deus e a transformar seu coração em uma reserva do amor Philia.

CORAÇÃO AGRADECIDO

Muda o meu caminho,
eu Te peço transformação.
Sei que nunca estou sozinho,
estou debaixo de Tuas mãos.
Fico preso ao egoísmo,
e me esqueço de Te agradecer.

Faz um Kairós, faz acontecer,
me ensina a agradecer.
Me dá Teu perdão, me toma em Tuas mãos,
quero viver na santidade.

Jesus, eu quero ir além,
eu quero Te amar, poder Te abraçar.
Jesus, me ajoelho em oração,
clamando por Teu perdão
Quero um coração agradecido!

Em vez de esperar pela gratidão e pelo reconhecimento dos outros, devemos ser gratos a Deus por tudo o que Ele nos dá. Tudo o que você fizer pelos outros, que seja em nome de Jesus, como pede o apóstolo Paulo ao povo de Colossos: "Tudo quanto fizerdes, por palavra ou por obra, fazei-o em nome do Senhor Jesus, dando por ele graças a Deus Pai" **(Cl 3,17)**.

OREMOS

Senhor Jesus, como sacerdote a serviço da Tua
palavra, quero pedir pela pessoa que lê comigo esta
oração. Peço que toques seu mais profundo ser, seus
pensamentos, suas emoções, sua alma, e apagues com
Teu poder todas as mágoas causadas pela ingratidão.
Retira também toda raiz de ingratidão e rancor que possa
haver em seu coração. Dá para esta pessoa o alento de
um coração agradecido. Sim, meu Jesus, que esta pessoa
seja primeiramente agradecida a Ti e depois aos outros.
Que a docilidade e a mansidão sejam uma constante na
vida desta pessoa. Se as palavras simples como "bom-
-dia", "por favor" e "obrigado" não faziam parte de seu
vocabulário, que daqui para a frente ela passe a usá-las e
se torne mais gentil no trato com os amigos e familiares.
Que esta pessoa seja grata pelas mínimas coisas.
Porque somente com a gentileza e a bondade
conquistamos o Céu. Porque foi desse modo que
Jesus agiu em sua passagem pela Terra. O Céu é
para os que seguem na vida os passos de Jesus.
Que esta pessoa se sinta perdoada por todas as vezes
em que foi ingrata, rude e maldosa. O Senhor está
lavando sua alma para que você se torne um novo
ser. Obrigado, meu Deus, pelo amor que Tu tens por
esta pessoa e por todos nós.
Hoje um coração agradecido será colocado no lugar
do antigo coração de pedra.
Tudo isso eu selo em nome do Pai, do Filho e do
Espírito Santo.
Amém.

14
Autoimagem

7 *porque ele se mostra tal qual se calculou em si mesmo.*
(Pr 23,7)

Este versículo do Livro dos Provérbios nos revela que uma pessoa é vista pelos outros de acordo com a ideia que faz de si mesma, ou seja, de acordo como ela se "percebe", como ela se imagina e acredita ser. A isso chamamos de autoimagem.

Quando alguém não tem uma ideia positiva de si mesmo, tudo fica mais difícil, tudo parece inalcançável e tudo passa a ser fonte de sofrimento. Foi por isso que deixei para tratar desse tema no último capítulo do livro. Acredito que todos aqueles que têm uma imagem distorcida de si podem desenvolver qualquer um dos males que discutimos até aqui. Podem se tornar tristes, ansiosos ou irritados, podem sentir medo, inveja e remorso, podem cometer uma ingratidão, podem olhar o mundo com pessimismo, podem se entregar ao vício e podem até desenvolver um quadro de depressão.

Amados, é impossível amar ao próximo, se não amamos a nós mesmos e não nos aceitamos como somos. O amor Philia, que é o amor fraterno, deve começar pela gente. Precisamos nos tratar com carinho, precisamos descobrir em nós o que temos de melhor, precisamos cultivar os bons sentimentos e conviver com as palavras de Jesus para que nos aperfeiçoemos cada vez mais e sempre.

É assim que conquistamos uma autoimagem positiva. Quando temos um bom conceito sobre nós mesmos, somos mais seguros e felizes. Os pensamentos são poderosos e definem a maneira como agimos. Se pensarmos que somos inferiores e fracassados, acabaremos acreditando nisso. Mas quando deixamos de lado a baixa autoestima e reconhecemos nossos verdadeiros talentos e capacidades, construímos uma autoimagem satisfatória. Só assim podemos ajudar o próximo e viver como verdadeiros cristãos.

Quero deixar bem claro que autoimagem não tem nada a ver com vaidade. Não se trata de se olhar no espelho e se achar bonito. Se fosse assim, bastaria fazer uma cirurgia plástica para resolvermos todos os nossos problemas. Uma pessoa pode até ser considerada feia pelos padrões de beleza impostos pela mídia, mas se ela vive de acordo com seus ideais, se ela se orgulha de seu caráter, se ela reconhece em si a capacidade de ajudar e de praticar o bem, ela certamente terá uma autoimagem positiva.

O livro do Gênesis diz que Deus criou o homem e a mulher à sua imagem e semelhança. Mas, ao contrário de Deus, somos imperfeitos. Precisamos nos alimentar da Palavra Divina para nos aperfeiçoar como seres humanos. Faz parte desse aperfeiçoamento conhecermos melhor nosso interior para assim descobrirmos quem somos realmente. Apenas com esse autoconhecimento é que podemos cultivar e manter uma boa imagem de nós mesmos.

Quantas crianças que não são valorizadas por seus pais e professores ou que sofrem *bullying* na escola crescem infelizes, sempre se achando feias, incapazes e desajeitadas.

Elas acabam se tornando adultos com péssima imagem de si mesmos e passam a se sentir inferiores em relação aos outros. Esse sentimento tão destrutivo causa desequilíbrio emocional, prejudica os relacionamentos e as atividades profissionais, podendo levar ao divórcio, à demissão do emprego e, em casos extremos, ao suicídio.

Amados, vocês são lindos, são a menina dos olhos de Deus. Parem de se comparar com os outros, aceitem-se como são e comecem a se amar. Só então vocês serão instrumentos do amor Philia, só então poderão amar o próximo como ele é, sem cobranças ou exigências, sem querer mudá-lo, pois só Deus tem o poder de modificar alguém.

Hoje, Jesus quer retirar de você toda a autocensura instalada em sua mente, todas as críticas negativas que destruíram sua criatividade, toda difamação feita contra você que abalou seus princípios, todas as recordações gravadas em sua mente que despertam sentimentos de inferioridade.

Somos barro nas mãos do oleiro e Ele quer nos moldar. Primeiro, aceite-se fisicamente como você é, e depois deixe Jesus mudar seu interior, seus sentimentos, seus pensamentos, seu espírito. Deixe que Ele faça de você uma nova pessoa. Lembre-se das palavras do apóstolo Paulo: "Todo aquele que está em Cristo é uma nova criatura [...]" **(2Cor 5,17)**.

Jesus quer que você se olhe no espelho e veja não só o reflexo de sua imagem, mas o reflexo de sua alma.

Ter uma autoimagem positiva é como fazer as pazes consigo mesmo.

Quero agora fazer junto com você uma oração de cura interior para restaurar seu verdadeiro eu.

Amado, peço que feche os olhos agora e
visualize Jesus em um lindo jardim. Ele sorri
e olha profundamente dentro de seus olhos.
Faz um leve gesto com a mão e o chama por
seu nome.

Dê o primeiro passo, vá ao encontro de Jesus...

Quando você se aproxima, Ele estende a mão e o
convida a caminhar pelo jardim. Com voz calma
e bondosa, Jesus diz: "Meu filho, quero voltar
no tempo e curar você".

Nesse instante, com sua mente iluminada por
Jesus, você assiste ao seu próprio nascimento.
O Senhor toma no colo o bebê que você foi e
retira dele o medo e toda sensação de rejeição
e abandono.

Um grande alívio toma conta de seu coração,
como se você tivesse se livrado de um peso
que carregava havia muito tempo em suas
costas. Jesus o convida a continuar com o
passeio pelo jardim.

Envolvido mais uma vez pela luz do Senhor, você
vê os anos de sua infância passando diante
de seus olhos. São cenas de brincadeiras,
de convívio com sua família e dos dias de
escola. Jesus sopra as seguintes palavras
em seu ouvido: "Meu filho, vou apagar
de seu inconsciente tudo que o marcou

negativamente, todo o mal praticado por
adultos que não valorizaram suas qualidades ou
que abusaram de sua inocência".

Mais uma vez, parece que outro grande peso é
retirado de seus ombros. Jesus sorri para você e
juntos prosseguem o passeio.

Agora você se vê jovem e cheio de sonhos. Jesus
então murmura: "Meu Filho, quero curar você
de toda solidão que sentiu, de toda ingratidão
causada por falsos amigos, de todo amor não
correspondido, de todo sofrimento que passou
por causa de uma separação, de toda dor
causada pela incompreensão de seus pais, de
tudo o que fez você se sentir menos merecedor
de amor".

Você se sente ainda mais leve, outro peso foi
arrancado de cima de suas costas. No lugar dele,
Jesus coloca a paz que vem do Pai por meio do
Espírito Santo.

A caminhada continua e Jesus mostra cenas
de sua vida adulta. Você se vê cheio de
responsabilidades e preocupações, relembra
oportunidades perdidas, projetos não
realizados, esforços não recompensados,
investimentos que não prosperaram, dívidas
contraídas, traições de colegas em quem
confiava, relacionamentos que não deram
certo. Jesus se aproxima e sussurra em seu
ouvido: "Meu filho, vou limpar de sua mente

toda sensação de fracasso, toda decepção, toda frustração, todo arrependimento que faz você se sentir derrotado".

Agora é seu coração que parece tão leve quanto um pássaro que voa livre pelo céu.

Jesus conduz você a um recanto do jardim onde há muitas pétalas e folhas pelo chão. Parece que ali reina o outono. Você se vê idoso, com o cabelo branco, as pernas fracas, as mãos ossudas. Está triste porque foi esquecido pelos familiares, ninguém mais pede sua opinião para nada, você se sente inútil e cansado.

Jesus segura sua mão e diz baixinho em seu ouvido: "Meu Filho, não quero que você se sinta acabado ou que pense que já não vale para mais nada. Quero curar esse desânimo, quero para você uma velhice saudável, nunca é tarde para recomeçar. Dei a vida para salvar os homens e por isso estarei ao seu lado até o fim".

Jesus abraça você e nesse abraço seu coração se inunda do amor PHILIA que Ele sente por toda a humanidade.

Eu, como pregador da palavra de Jesus, peço a Deus que cure você de todo sentimento de inferioridade. Sei que daqui em diante você jamais se esquecerá de que é filho de Deus e sentirá orgulho de ser quem é.

Faça as pazes consigo. Deixe a luz de Deus brilhar em seu coração.

Eu, Padre Marcelo Rossi, abençoo você em nome
do Pai, do Filho e do Espírito Santo.

Amém.

"**17** *Todo aquele que está em Cristo é uma nova criatura.
Passou o que era velho; eis que tudo se fez novo!*" **(2Cor 5,17)**

Bênção

Com a autoridade que recebi da Igreja Católica, eu, Padre Marcelo Rossi, peço que o amor Philia faça uma transformação em seu espírito.

Jesus, que as palavras escritas neste livro sejam sementes no coração de meus amados e que no tempo certo deem frutos em abundância.

Em nome do Pai, do Filho e do Espírito Santo.

AMÉM.

ESTE LIVRO FOI COMPOSTO NA FONTE CHRONICLE TEXT E
IMPRESSO EM PAPEL AVENA 70 G/M², NA GRÁFICA IMPRENSA DA FÉ.
SÃO PAULO, MARÇO DE 2015.